本书出版获中央高校基本科研业务费以及上海外国语大学学术著作出版资助

企业领导者的
社会网络与构建策略

曹春辉◎著

经济管理出版社

图书在版编目（CIP）数据

企业领导者的社会网络与构建策略/曹春辉著.—北京：经济管理出版社，2023.9
ISBN 978-7-5096-9380-3

Ⅰ.①企⋯　Ⅱ.①曹⋯　Ⅲ.①企业领导学—研究　Ⅳ.①F272.91

中国国家版本馆 CIP 数据核字（2023）第 204535 号

组稿编辑：谢　妙
责任编辑：谢　妙
责任印制：许　艳
责任校对：蔡晓臻

出版发行：经济管理出版社
　　　　　（北京市海淀区北蜂窝 8 号中雅大厦 A 座 11 层　100038）
网　　址：www.E-mp.com.cn
电　　话：（010）51915602
印　　刷：北京晨旭印刷厂
经　　销：新华书店
开　　本：720mm×1000mm/16
印　　张：11.5
字　　数：223 千字
版　　次：2023 年 9 月第 1 版　2023 年 9 月第 1 次印刷
书　　号：ISBN 978-7-5096-9380-3
定　　价：68.00 元

·版权所有　翻印必究·
凡购本社图书，如有印装错误，由本社发行部负责调换。
联系地址：北京市海淀区北蜂窝 8 号中雅大厦 11 层
电话：（010）68022974　邮编：100038

前　言

　　企业领导者的社会网络是领导者和所在企业获取资源、机会的主要渠道，对企业和领导者的成长和发展具有重要作用，其效用在管理实践中已经得到广泛的认同，但领导学以人力资本因素为主要导向的近百年研究传统，造成了对领导者社会资本因素的忽视，有关领导者社会网络的研究明显不足。本书围绕领导者如何构建社会网络、怎样进行社会网络构建策略选择，以及社会网络构建策略有哪些影响效应这三个问题揭示了领导者构建社会网络的机理，为领导者的管理实践提供了启示。

　　本书采用探索型序贯混合研究设计框架，通过案例研究，识别出领导者构建社会网络的潜在动机，并提出了领导者构建社会网络的两种策略和影响领导者社会网络构建策略选择的个体和组织层面的因素；通过问卷调查检验了上述因素对领导者社会网络策略选择的影响；结合仿真实验研究和案例研究，探讨了两种社会网络构建策略对领导者个人和高管团队的影响效应，主要的结论和贡献有以下四点。

　　第一，发现了领导者构建社会网络的两种策略：建桥策略和引桥策略。依据领导者在构建社会网络时所占据的网络位置差异，给出了两种网络策略的内涵，并结合案例研究陈述了两种策略在管理实践中的具体表征；弥补了领导者社会网络研究中多以既有连接网络为基础进行静态研究，而对社会网络构建过程和形成机理等动态过程研究的不足。本书的研究揭示了领导者构建社会网络的方式，对领导者社会网络的形成机理和动态演化的研究做出了贡献。

　　第二，发现并验证个体特质和组织情境是领导者社会网络策略选择的主要影响因素。领导者个体特质（如领导者自我效能感和领导者自我监控）可以预测领导者在构建社会网络时的策略选择偏好，而策略的时间压力对此起到了调节作用，进而验证了个体特质与网络结构特征、组织情境因素和领导者策略行动选择之间的关联性；弥补了社会网络研究中只关注个体的网络位置差异与关系特征差异，而忽略个体特质与行为策略差异的不足，推进了"后结构主义"视角下领导者社会网络的研究。同时，笔者发现组织情境因素对领导者社会网络构建策略的影响作用，这间接表明组织也会反过来对领导者的社会网络产生影响，进而丰富了这一领域的理论研究，为领导者社会网络与组织之间相互影响的研究做出了贡献。

第三，通过仿真实验，构建了领导者社会网络策略的时效模型。笔者分析了领导者构建社会网络的两种策略对团队任务绩效和效率的影响，指出两种网络构建策略在团队绩效水平和收敛时间上存在差异：引桥型策略具有短期时效性但长期绩效低；建桥型策略短期时效低，但长期具有更高的绩效水平。同时，笔者发现，领导者社会网络策略选择与团队任务效率存在倒"U"形曲线关系，因此领导者可以通过使用混合策略获得满意的团队任务效率。本书的探索性研究为领导者构建社会网络的策略选择与组合提供了参考。

第四，研究了领导者社会网络构建策略对领导者的权力和高管团队稳定性的影响。相对于引桥策略而言，建桥策略更有可能提升领导者的信息权和专家权；基于两种策略对领导者网络中心性的影响机理分析，笔者提出相对于引桥策略而言，建桥策略更可能提升领导者的网络中心性水平进而获得更多的权力。本书从网络动态构建的视角对领导者权力演变的研究做出了贡献。笔者在对高管团队稳定性的研究中发现，相较于引桥策略而言，建桥策略在维持团队稳定性上具有优势，并给出了领导者社会网络构建策略选择影响团队稳定性的机理模型。本书的研究结论一方面基于领导者社会网络构建的视角丰富了团队稳定性的研究；另一方面为领导者社会网络的影响效应研究做出了贡献。

目 录

1 绪论 / 1
  1.1 研究背景 / 1
    1.1.1 现实背景 / 1
    1.1.2 理论背景 / 3
  1.2 相关概念的界定和研究问题的说明 / 15
    1.2.1 相关概念的界定 / 15
    1.2.2 本书的研究问题 / 17
  1.3 研究意义 / 19
    1.3.1 现实意义 / 19
    1.3.2 理论意义 / 20
  1.4 研究思路与章节安排 / 21

2 文献综述与理论基础 / 23
  2.1 文献综述 / 23
    2.1.1 领导者社会网络效用研究综述 / 24
    2.1.2 领导者对社会网络的影响研究综述 / 27
    2.1.3 已有研究的不足和对本书的启示 / 34
  2.2 理论基础 / 36
    2.2.1 资源依赖理论 / 36
    2.2.2 社会交换理论 / 37
    2.2.3 社会网络理论 / 40
    2.2.4 自我监控和自我效能理论 / 43
  2.3 本章小结 / 48

3 研究方法与研究设计 / 50
  3.1 研究方法的选择 / 50

3.1.1　定量研究方法与定性研究方法 / 50
　　　3.1.2　混合型研究方法 / 52
　3.2　研究设计框架与研究过程 / 54
　　　3.2.1　混合研究方法设计框架 / 54
　　　3.2.2　研究过程 / 56
　3.3　案例研究设计 / 58
　　　3.3.1　案例的选择 / 58
　　　3.3.2　案例资料来源 / 63
　　　3.3.3　资料分析法 / 67
　3.4　问卷调查 / 69
　　　3.4.1　问卷调查方案设计 / 70
　　　3.4.2　样本与数据收集 / 71
　　　3.4.3　变量的测量 / 72
　3.5　仿真研究设计 / 76
　　　3.5.1　任务环境建模 / 77
　　　3.5.2　基准模型设计 / 78

4　领导者社会网络的构建策略 / 81

　4.1　领导者社会网络的扫描 / 82
　4.2　领导者构建社会网络的潜在动因 / 85
　　　4.2.1　领导者构建社会网络的组织层面潜在动因 / 86
　　　4.2.2　领导者构建社会网络的个体层面潜在动因 / 91
　4.3　领导者构建社会网络的互动过程与方式 / 94
　4.4　领导者构建社会网络的两种策略 / 96
　4.5　本章小结 / 99

5　领导者社会网络构建策略的选择 / 100

　5.1　影响领导者社会网络构建策略选择的因素以及相关命题假设的提出 / 101
　　　5.1.1　个体特质对领导者社会网络构建策略选择的影响 / 101
　　　5.1.2　组织情境因素对领导者社会网络构建策略选择的影响 / 108
　5.2　领导者社会网络构建策略选择的假设检验 / 112
　　　5.2.1　信度与效度分析 / 113
　　　5.2.2　假设检验与结果分析 / 116

5.3 本章小结 / 123
6 领导者社会网络构建策略的影响效应 / 124
6.1 领导者社会网络构建策略对领导权力的影响 / 124
  6.1.1 权力来源视角下领导者社会网络构建策略对领导权力的影响 / 125
  6.1.2 网络结构视角下领导者社会网络构建策略对领导权力的影响 / 128
6.2 领导者社会网络构建策略选择对高管团队稳定性的影响 / 129
  6.2.1 案例研究中的发现 / 130
  6.2.2 相关研究的启示 / 131
  6.2.3 理论命题的提出 / 132
6.3 领导者社会网络构建策略选择对高管团队绩效和效率的影响 / 134
  6.3.1 领导者社会网络构建策略选择对高管团队任务绩效的影响 / 134
  6.3.2 领导者社会网络构建策略对高管团队任务效率的影响研究 / 134
6.4 本章小结 / 136

7 结论、贡献与展望 / 138
7.1 结论 / 138
7.2 贡献 / 140
7.3 反思与展望 / 141
  7.3.1 研究反思 / 141
  7.3.2 研究展望 / 142

附 录 / 144

参考文献 / 151

后 记 / 173

1 绪论

1.1 研究背景

1.1.1 现实背景

在改革开放四十多年的经济发展历程中，中国企业的领导者带领企业走出了一条不平凡的道路，使中国的经济取得了令世界瞩目的成就。然而，领导者可能并不熟知西方的经典管理理论，他们对自身发挥作用方式的理解也与西方经典理论中的描述存在一定的差异，"干中学"的经历让他们有了一些不同于西方管理学者的对中国情境的独特理解。随着国内工商管理硕士（MBA）教育教学的发展和企业科学管理浪潮的推进，越来越多的管理实践者开始回归到对管理理论知识的学习中，这一方面让管理学者感到欣慰和期许，即坚信我们一直以来学习到的知识和理念对于管理实践应该具有指导意义，中国企业的领导者通过对管理理论的学习可以提升组织管理的效率；但另一方面也让中国的管理学者遭遇了一些问题。因为就是这样一批根植于管理实践并带领企业取得辉煌成就的企业领导者并不完全认同管理理论对于管理实践的指导意义，所以人们经常可以听到来自领导者这样的声音："企业家们来参加 MBA 学习的本质是结交人脉""按照老师说的我可能真不是一个好的领导，但是我觉得能认识那些对企业而言重要的人就够了"。

以上现象可以看作一种管理理论与实践的脱节表征，但反映出的核心本质是传统领导理论研究中注重人力资本的重要作用与中国管理实践中对社会网络（资本）高度关注之间的矛盾。传统的领导理论更多地关注领导者的个体领导力发展及其对组织的影响效用，如领导者个体的知识、能力、特质、行为等在领导过程中的重要作用及对组织产生的影响。显然，领导者个体人力资本的提升对组织绩效和个体领导力提升有影响，但是这一假设根植于西方情境下，西方管理实践是以完善的法律制度保障和良好的信任机制为前提的，其信息的公开性和机会的均等性，在一定程度上限制了社会资本对管理实践和领导过程的影响空间，进而提升了领导者人力资本的重要作用。

中国传统的文化理念也有别于西方（费孝通，2022），这种差异造成中西方管理情境的不同。在中国现行的经济制度下，金融体系不完善、融资平台不规范、信息不对称、机会不均等现象客观存在，社会信任制度尚未建立起来，这些管理情境都客观上造成了人们对于社会资本的渴求与依赖。

事实上，领导者在管理实践中重视社会资本因素与学术研究中关注人力资本因素的脱节不仅局限于中国情境，在美国也同样存在。美国创造力研究中心在基于对各类行业的3000名企业领导者的调研后发现，在管理实践者们列出的11个领导力和培训所需核心要素中，有6个属于人力资本因素范畴，7个与社会资本因素有关（McCallum and O'Connell，2019），而 MBA 课程设置中很少涉及社会资本因素，这在一定程度上也反映出管理实践有别于管理理论对于领导本质的认知，作为一门实践导向的学科，领导的相关研究可能有必要进行反思。

如果比起人力资本的提升，领导者更关注如何获得社会资本的积累，即领导者如何结交人脉与关系，那么领导者的社会网络（社会资本）究竟对企业有怎样的作用就值得深思。已有实践的示例和学术的研究表明，当领导者没能意识到其个人、组织的社会资本和社会网络关系存在时，将有可能给组织内部的管理和发展带来一系列的不便，甚至影响组织的生存（Burt and Soda，2021）。同时，管理实践的领导者热衷于通过不同的方式构建社会网络：有的领导者喜欢"走出去"，加入商业行会；有的领导者则喜欢"引进来"，将想要结交的人士融入自己所在的圈子。这些特色鲜明的管理实践现象背后暗含了怎样的管理启示？领导者的社会网络对企业究竟有怎样的影响？企业家又是如何构建社会网络的？不同的社会网络策略产生了怎样的影响？这些由管理实践引发的问题值得管理学者们深思。

综上所述，中国转轨经济制度与自身传统文化的特征决定了领导者社会网络在管理实践和领导过程中的重要意义，这是造成管理实践中领导者相对"轻人力资本发展，重社会资本积累"的原因所在。这与传统领导理论的研究侧重点不同，管理实践者们在重视社会资本的同时却缺少管理理论的指导。因此，从社会网络视角出发来关注领导者构建社会网络的过程、策略、影响因素和影响效应富有深刻的实践意义，相关的研究将为中国的管理实践者们提供参考和指导。

1.1.2 理论背景

1.1.2.1 领导理论的演变历程与研究的新趋势

（1）领导理论的演变历程。领导理论的议题长期占据组织研究热点的根本原因在于领导不但与组织、团队和下属的绩效存在紧密的关联性（Gardner，2020），还与组织存亡相关（Yukl，2008）。领导者通过发挥领导作用（指导、协调、激励、决策、计划等）可以使个体和团队通过不断努力来实现组织的目标（Yukl，2002）。经过多年的发展，领导研究衍生出多个理论学派，对领导的本质形成了不同的见解，可以说对领导理论演变历程的回顾就是领导学发展的一个缩影（Van Seters and Field，1990；House and Aditya，1997；David et al.，2014），也正是通过不断对以往理论演进历程的回顾与总结，在帮助人们认知领导研究现状的同时，继续探索新的研究方向，推进领导学持续的发展。

领导力的科学研究始于20世纪的"伟人"理论，这一理论认为是那些异于寻常的杰出人士改变了人类的历史（Bass and Bass，2009），特质理论受此影响认为是个体的某些稳定特质（如性格、智商、情商等）把领导者和非领导者区别开，并形成了领导者在领导过程中对组织、团队、下属的绩效偏差。因此，早期的研究者十分重视与领导力相关的个体差异，他们的大量研究工作都放在了领导者与非领导者个体差异的对比和领导者个体特质与领导者有效性（如对组织、团队、下属绩效的影响）的验证上（曹春辉等，2012）。可以说领导学早期对于领导本质的理解基本停留在领导者个体固有的特质上，即领导的本质就是具有那些被认为与领导相关的特质，如性格（勇敢、果断、坚强、乐观、外向等）、智商、情商、支配力、责任感等。特质理论对于领导者研究的发展和推动管理实践对领导学的认知起到了非常积极的作用，但后续诸多研究得出了领导者特质与领导有效性相反的结论，致使该学派的研究一度中断，直到近期领导者研究又逐渐兴起（Lowe and Gardner，2001），而学术界对领导的本质理解早已不局限于领导者特质的单一维度了。

20世纪50年代，由于对特质理论的评论较为悲观，领导研究的热点转向了领导行为风格理论。这一理论的研究集中在对领导者的行为表现以及对待下属方式的分析上，从Lewin和Lippitt（1939）、White（1943）开始，通过童子军模拟实验，寻找具有普遍性的、高效率的领导者行为。他们将领导者的行为风格分为专制的、民主的及放任自流的三种类型，并发现每种领导风格对团队会产生不同的影响，研究的结论是民主型领导具有更好的影响作用。此后，Katz 等（1951）、Stogdill 和 Coons（1958）等拓展了领导行为风格理论的研究，将领导力划分为关怀结构和激发结构，这种以人为中心还是以任务为中心的二维取向划分方式对领导学产生了深远的影响。总体而言，领导行为理论认为领导的本质并不在于领导者个人所拥有的个体属性，而在于其表现出的行为。然而由于领导行为理论和特质理论一样忽略了情境因素的重要作用，该理论并没有在领导研究历程中占据太久的时间，学术界对于领导本质的理解很快就转向了领导情境理论。

情境理论认为，无论是前面的特质理论还是领导行为风格理论，都没有考虑到情境因素对领导者的影响。情境因素会引发或约束领导者行为及早期个性，这里所指的情境因素包括领导者所在的层级、领导者和下属的性别、民族文化、组织特征等（Antonakis et al., 2002）。一些研究指出情境可以让个体产生信心，进而给个体带来领导地位（Gruenfeld et al., 1969），另一些研究表明团队的沟通方式等因素对领导者有显著的影响（Chemers, 2014）。这一理论学派还包括了领导与文化的相关研究，典型研究如全球领导力与组织行为效力（Global Leadership and Organizational Behavior Effectiveness，GLOBE）研究项目，阐释了不同文化对领导表现形式的差异，情境理论认为对领导产生核心影响的是独立于领导者个体因素之外的情境。

如果说 Carlyle（2003）的"伟人理论"（Great Man Theory）影响了领导学初期的主要研究取向（特质理论和行为理论），那么 Marx（1906）的"时代潮流理论"（Zeitgeist Theory）则影响了 20 世纪中期以来的相关研究，如情境理论。到了 20 世纪后半叶，这两个来自欧洲的理论学派对领导学的影响出现了融合之势，形成了领导权变理论。

受情境因素的启发，学者们发现可能实际上并不存在永恒有效的特定领导方式或特质，领导的核心可能是针对不同的情境因素的权变应对反应，是领导者个性与情境互动产生的结果，这就是领导权变理论的核心观点。该理论占据了 20 世纪后期领导学研究的主体位置，有关领导权变的研究颇为丰富，整体可以划分为两大类，即根据领导者特质和结果之间关系的权变理论和把领导者行为与结果联系起来的权变理论（约翰·安东纳基斯等，2011）。典型的如费德勒的领导者效率权变模型和认知资源理论（Fiedler et al., 1987），以及标准的决策模型

1 绪论

(Jago and Vroom,1978)和路径目标理论(House,1996)等。权变理论中关注情境的因素常常涉及任务结构、感知压力、领导下属之间的交换关系等。

领导权变理论后的领导学理论发展开始走向多元化,典型的如变革型领导理论、信息处理与领导力的相关研究、道德领导理论的相关研究等,约翰·安东纳基斯(2011)将其归为新型领导力研究范畴。这些理论的研究侧重点各有不同,但是基本秉承了"伟人理论"和"时代潮流理论"相互融合的取向,延续了权变理论中个体因素与情境因素交互作用的理念。

尽管上述各领导理论对于领导本质的理解存在不同观点,但是针对领导对组织具有重要的影响作用,以及将领导者人力资本因素(如领导者特质、行为风格、权变能力、决策过程等)作为研究关注焦点的基本取向是达成共识的。有关领导理论的演变历程和各学派的主要理论观点总结如图1-1和表1-1所示。

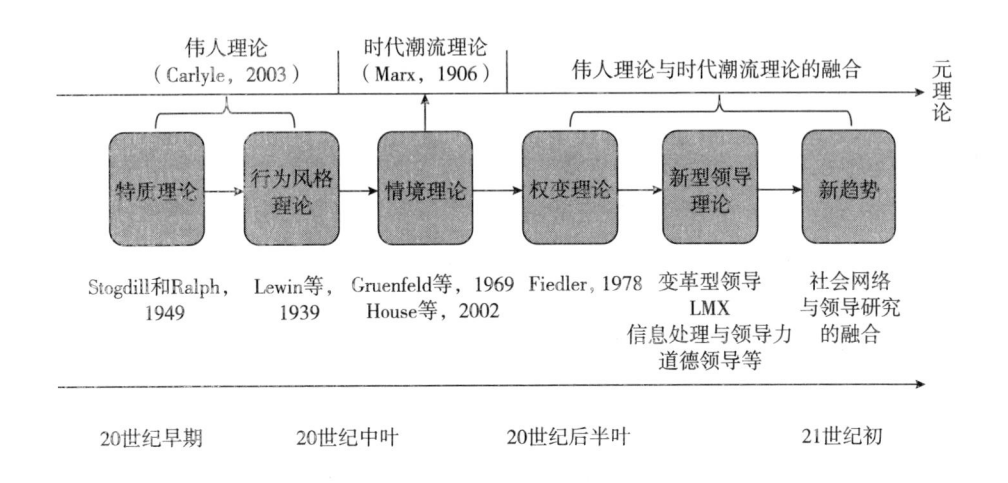

图1-1 领导理论演进历程

表1-1 领导主要理论演进历程回顾

领导学发展时期	领导学派	对领导本质的理解	元理论
20世纪早期至中叶	特质理论	领导所拥有的个体特质	伟人理论 (Carlyle,2003)
	行为风格理论	领导者的行为表现	
20世纪中叶	情境理论	独立于个体的情境因素	时代潮流理论 (Marx,1906)

续表

领导学发展时期	领导学派	对领导本质的理解	元理论
20世纪后半叶	权变理论	结合情境因素领导者的适当反应	伟人理论与时代潮流理论的融合
20世纪后半叶至21世纪初	变革型领导	魅力，激励，鼓励，关怀	
	信息处理与领导力	信息处理与认知模式	
	道德领导等	良好的品德与价值观	
21世纪初	新趋势"社会网络学派"	以关系为核心，与情境适配，具有一定样式结构，同时可以是正式与非正式形式的过程	

领导者对组织的影响作用可能不仅由人力资本因素引起，领导者的社会资本因素对组织也产生了巨大的影响。有一些学者认为以往关于领导者的研究过多地关注对人力资本的探讨，尽管我们不应该否认人力资本在领导中所发挥的重要作用，但是领导者的社会资本在对领导过程和领导影响效果的解读上也应该获得和人力资本同样的关注，甚至在特定的情境下，领导者的社会资本影响效用可能是更加起到决定性作用的（Brass and Krackhardt, 1999）。从多维度来认知领导本质，除了关注领导者个体和情境因素，对领导者的研究不应该忽视人与人之间的关系结构，从社会关系和网络视角来解读领导不仅是必要的，而且更有可能触及领导的本质（Day, 2001），尤其是在组织环境变更和社会网络研究逐渐兴起之后，领导研究出现了新的趋势。

（2）企业环境变更与领导研究的新趋势。伴随着经济全球化和全球信息化的进程，企业所处的环境发生了根本性的变革，具体表现为以下四个方面（可称为UACC）（席酉民和张晓军，2012）：第一，充满不确定性（Uncertainty），致使企业战略失效；第二，充满模糊性（Ambiguity），促使行动茫然；第三，快速多变（Fast Change），要求企业迅速决策；第四，复杂性增强（Complexity），致使因果链不清晰，认知困难。

这种环境的变革在企业外部最直接的反映是企业的利益相关方趋向多元化，彼此之间的关系复杂化，这种变化客观上也促使领导研究从关注人力资本因素向社会资本因素（社会网络和人与人之间的关联）转移。为了适应外部环境的变化，企业不断地进行自身调整，组织结构逐渐趋向扁平化。而从组织结构演变的

1 绪论

历史来看,组织扁平化的历程在提升组织对环境反应速度的同时,增强了组织内部员工彼此之间的关联性,这客观上造成了组织内部的关系维度迅速增加,而网络和信息化的进程又加强了这一效应,进而促使企业内外部环境同时趋向复杂。

如果从抽象的角度来看,可以将领导者面对的每一个对象抽象为一个点,而将彼此之间的关系视为连线,这样领导者面向的对象和关系就构成了一个社会网络。那么,企业内外部环境的变更就体现为领导者面向组织内外部社会网络的复杂化,这给领导者带来了巨大的挑战。如图1-2所示,在企业外部环境简单、内部组织协调性要求较弱时,领导者面对的对象和处理的关系维度相对清晰简单,领导者无需大范围地与组织成员进行密切交往,组织内外部资源、信息快速高效流通的要求并不高,此时领导者可以更多地依靠个人的特质、能力、知识、经验等个体人力资本因素来应对所面对的问题,因而在领导研究的早期形成了大量的具有浓郁个人主义英雄色彩的领导理论,如"伟人理论"(Carlyle,2003)通过

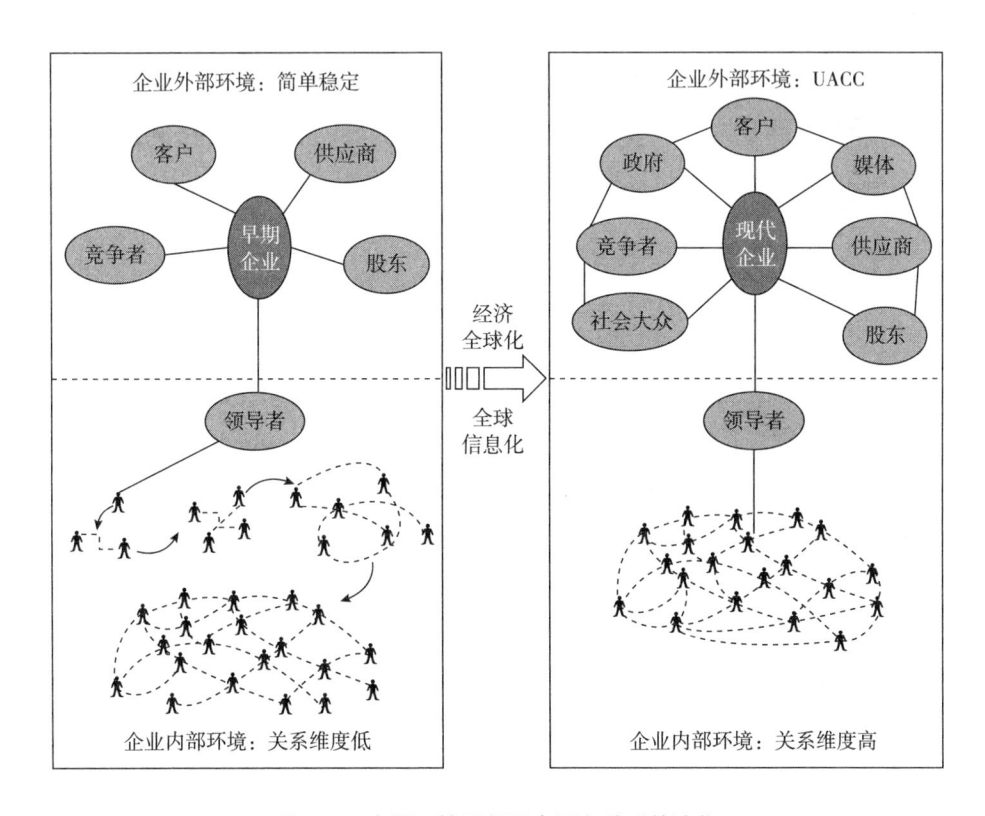

图 1-2 变更环境下领导者面向关系的演化

特质与行为方法集中研究领导者的特征，发挥领导个人的作用。但随着经济全球化和信息全球化进程的加快，企业内外部环境都发生了巨大的变化，组织内外部关系维度趋向复杂和多元化，对于组织内外部资源、信息的交换速度与效率提出了更高的要求。新型组织管理情境客观上要求领导者成为组织成员网络中的一员，根植于扁平化密集网络中，以便于组织内部形成更高的信息与资源交换效率，此时领导者已经很难仅仅依靠个人的人力资本因素来面对组织内外部环境变革带来的挑战，而必须转向依靠一个团队或网络。

鉴于此，领导研究出现了新的趋势，一个以社会网络视角和以人与人之间关系为关注重点的"学派"应运而生。有别于以往的领导学派，该领域的学者（代表性学者如布拉斯、巴尔昆迪、基尔达夫等）号召以网络视角来解读领导本质，关注领导者社会资本因素的重要作用。

领导学研究的这种新趋势以 Day（2001）发表在《领导学季刊》上那篇著名的领导力发展综述为起点，在研究内容上呈现出两种鲜明的转变：第一，领导研究开始从单一关注领导者个体领导力，向关注集体领导力转移；第二，从关注领导者个体人力资本（知识、能力、特质、行为），转向关注领导者的社会资本（社会网络与关系）。这一趋势在 2005 年左右开始逐步得以显现，社会网络的研究视角进入领导研究中，并在 2010 年后越发明显，在管理学的各类顶级期刊中的相关研究逐渐增多。2014 年《领导学季刊》发行专刊，论述社会网络与领导研究的重要意义，并且强调本类研究仍然处于理论研究的上升期，存在大量的理论问题尚未解决，号召管理研究者们对此进行关注，并通过自己的研究对理论做出贡献（Kristin and Francis，2014）。

与此同时，领导研究在研究方法上也发生了较大的转变，长久以来在管理学"科学化"的进程中，实证量化主义研究取向因为吸纳了波普关于科学定义中有关"可证伪"的理念，而更容易使管理学科走向科学的殿堂，因此几乎成了管理学研究的默认范式，但是由于实证主义在管理学研究上的固有局限性（Fry and Kriger，2009）和取向性上的"片段性"特征（韩巍，2011），再加上对于动态的、历时性的组织管理过程视而不见及情景因素变量化处理过程中的信息丢失，致使在对已有主流理论的实证检验中普遍存在正、反两面的证据（罗宾斯和贾奇，2008），管理学研究成果的普适性受到了挑战，而对于中国本土化领导的借鉴意义就更显乏力。这种管理研究方法的单一化取向弊端已经逐渐被管理学者认知（Kempster and Parry，2011），同时伴随着社会学、人类学的研究方法逐渐在管理学中得到普及，有关案例研究、扎根理论、文本分析等非实证主义取向的管理方法开始在管理学研究中兴起,管理学者们对多元研究方法的态度也趋向包容,而一些学者建议采用多种研究方法来进行管理研究,并且认为对于领导这样一个复杂的议题只采用单一研究的方法是不够的(Gardner et al., 2010),一种倡导多元混合研究方法的领导研究趋势正在形成。

1.1.2.2 社会网络的优势以及在领导研究中的兴起

社会网络是现代社会中的定义性范式之一,在过去,网络的思想不断地应用于物理学、生物学、语言学、计算机科学和社会科学的不同领域。社会网络之所以得到学术界的关注,在于其独特的研究视角。它抛弃了以往仅关注个体的原子论研究观,将个体放置于广阔的社会关系背景下,强调行为的社会嵌入性:社会网络视角认为人的行为不是孤立发生的,而是嵌入在一定的社会关系中的。社会网络方法具有固有的特点和优势,进而为社会科学研究提供了一个新的理论视角和工具,可以用来识别、描述和解释关系,进而更好地理解关系的发展和效用(Contractor et al., 2006; Borgatti et al., 2009),因此社会网络方法在社会心理学和组织研究领域应用广泛,并成为核心范式之一(Borgatti et al., 2009)。

社会网络的研究焦点和核心内容集中在四个方面,即关系的重要性、行动者的嵌入性、关系连接的社会效用和社会生活的结构化形式(Kilduff and Brass, 2010)。基于上述的特点,本书认为社会网络方法存在以下几点优势,促使它成为社会科学研究中流行的方法和理论:第一,社会网络方法可以跨层级的检验组织现象,既包括宏观层面上的组织之间的关系、组织声誉、战略联盟等研究,也包括微观层面的领导、团队、员工绩效等研究(Gardner et al., 2010);第二,适合动态的关系研究,为研究关系的效用和互动提供了良好的视角和工具;第三,可以很好地捕获情境信息及个体与情境的互动过程,社会网络理论认为个体是嵌入情境之中的,其对个体嵌入性的假设有助于弥补组织研究中的情境因素丢失的不足;第四,可以关注社会现象中的结构化形式内容,为正式关系和非正式关系的研究提供了新的视角;第五,社会网络的方法不仅可以关注个体的特质,还能够关注社会结构对个体的影响,以及彼此之间的交互作用(Borgatti and Foster, 2003)。

上述社会网络的特点和优势逐渐被领导学认知,适用于解释关系的发展和效用,并为领导有效性研究提供了一个新的视角(Borgatti and Lopez-Kidwell, 2011)。结合领导的动态化过程与互动式的本质,社会网络与领导的研究开始融合,进一步促进了领导研究从个体的人力资本取向(Human Resource-based and

Personological）向领导社会资本取向（Social Captial Based and Relational）转移。尽管过去对于领导本质的解读都是基于个体人力资本取向的，但是近年来越来越多的学者注意到了领导者的关系本质，领导者开始被概念化为一个动态的、分享的、关系的、策略的复杂过程（Avolio et al.，2009）。

基于社会网络理论视角的相关研究，学者们从领导者社会网络（社会资本）视角对领导者的本质进行了重新的解构：领导者应当是以关系为核心，与情境适配，具有一定样式结构，同时可以是正式与非正式形式的过程（Carter et al.，2015）。以这样一个全新的解读为基础，社会网络方法（理论）极其适配于领导者研究，因为领导者在与下属互动的过程中，构成了两点或多点之间的关联与互动，可以认为领导者的本质和基础就是关系，而领导者社会网络研究方法的优势在于对关系特征和动态化过程的捕捉。因此，社会网络的视角和理论对领导研究具有重要的意义（Day，2001），它不但有助于解读领导力和研究领导者社会网络的演化（Li，2013），同时也为探寻领导者有效性提供了一个可行的方法（Balkundi and Kilduff，2006）。领导者社会网络的研究正在兴起（Kristin and Francis，2014；Carter et al.，2015）。

1.1.2.3 领导者社会网络的研究现状与待解决的问题

（1）领导者社会网络的研究现状。以"Leadership"和"Social Network"为主题，在 Web of Science 经济管理数据库进行检索，发现有关领导者社会网络的研究在整体领导学发展的历程中出现得较晚，但其近几年得到了研究者们的关注，引用和发表相关主题的文章呈现指数式增长趋势，1991~2021 年发表相关文章数量合计为 1704 篇，其中近 10 年来发表数量显著上升。历年发表文章数量如图 1-3 所示，可以看出领导者社会网络的相关研究正在成为理论研究的热点。

对比来看国内研究现状，以"领导"和"社会网络"在中国知网经济管理类数据库进行检索只发现 485 篇相关文章。从图 1-4 来看，国内有关领导者社会网络的研究相较于国外起步较晚，但发表数量趋势上与国外趋同，也呈现出了上升趋势。

从研究内容和质量来看，国外有关领导者社会网络的研究较为注重机理性的研究议题，更加关注理论贡献，整体而言更加系统和规范；既有概念与方法的介绍，也有理论模型的建构，同时不乏实证的检验与论证。具体地，Carter 等（2015）对有关领导者社会网络的相关研究内容进行了总结，认为可以将领导者社会网络的研究分为三个领域（见图 1-5）：第一，在社会网络中的领导研究，

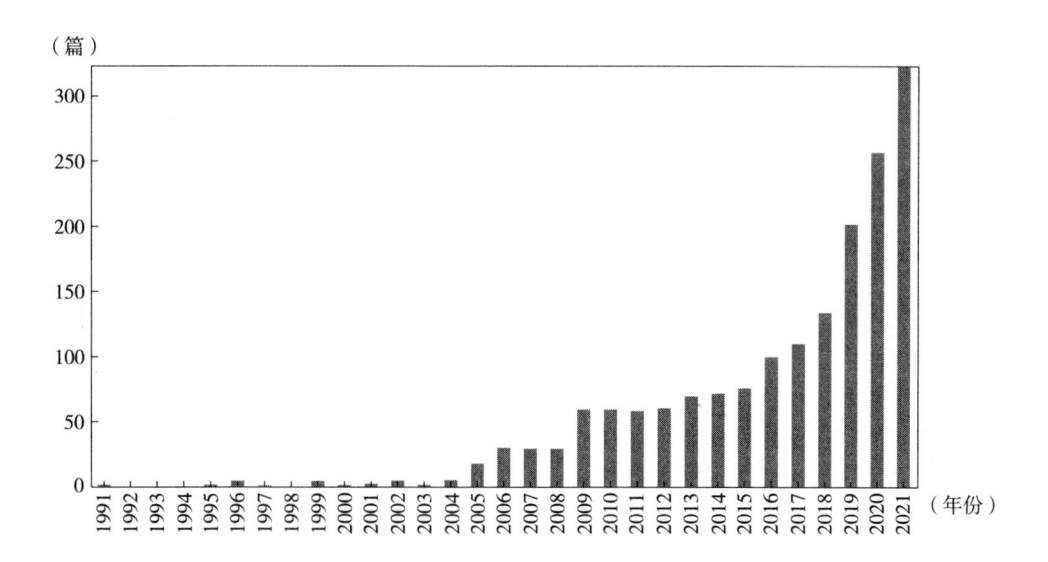

图 1-3　1991~2021 年国外领导者社会网络相关研究文献发表数量

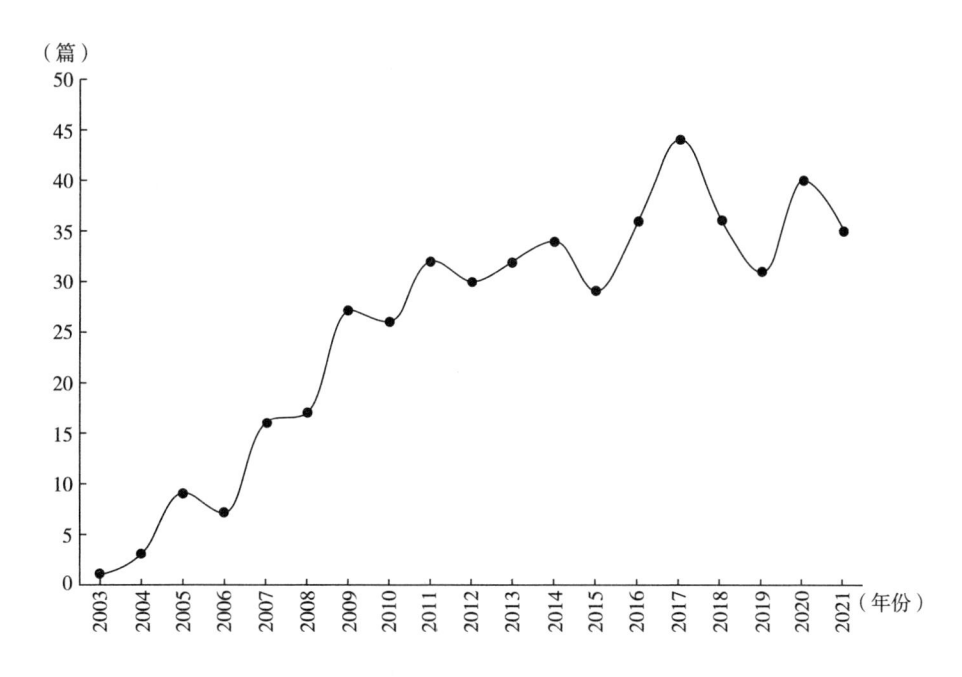

图 1-4　2003~2021 年国内领导者社会网络相关研究文献发表数量

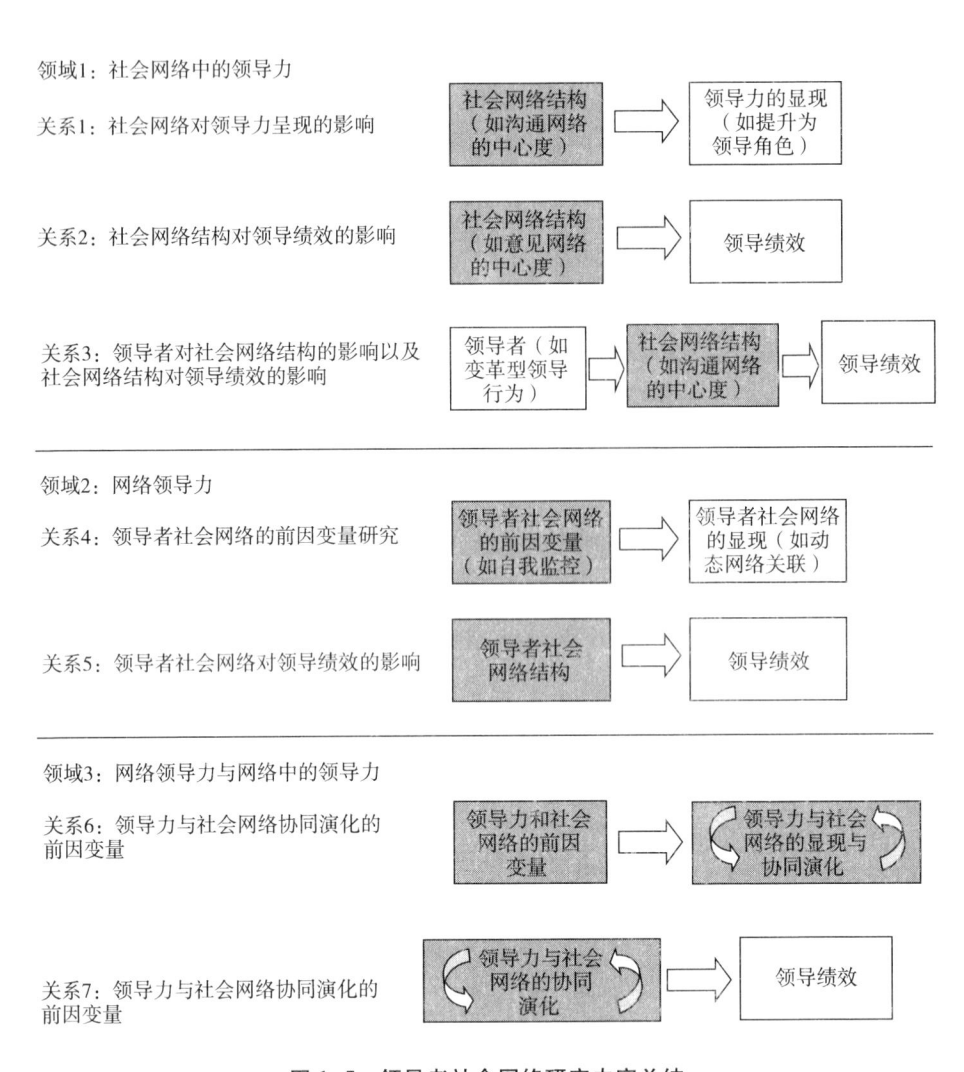

领域1：社会网络中的领导力		
关系1：社会网络对领导力呈现的影响	社会网络结构（如沟通网络的中心度） ⟹	领导力的显现（如提升为领导角色）
关系2：社会网络结构对领导绩效的影响	社会网络结构（如意见网络的中心度） ⟹	领导绩效
关系3：领导者对社会网络结构的影响以及社会网络结构对领导绩效的影响	领导者（如变革型领导行为） ⟹ 社会网络结构（如沟通网络的中心度） ⟹	领导绩效
领域2：网络领导力		
关系4：领导者社会网络的前因变量研究	领导者社会网络的前因变量（如自我监控） ⟹	领导者社会网络的显现（如动态网络关联）
关系5：领导者社会网络对领导绩效的影响	领导者社会网络结构 ⟹	领导绩效
领域3：网络领导力与网络中的领导力		
关系6：领导力与社会网络协同演化的前因变量	领导力和社会网络的前因变量 ⟹	领导力与社会网络的显现与协同演化
关系7：领导力与社会网络协同演化的前因变量	领导力与社会网络的协同演化 ⟹	领导绩效

图 1-5 领导者社会网络研究内容总结

主要关注社会网络结构如何影响领导者的出现、领导结果以及领导者通过对社会网络结构的影响如何作用于领导绩效；第二，将社会网络视为领导的一部分，主要研究领导者社会网络的前因变量和网络结构的影响效用；第三，领导和社会网络的演化研究，主要探讨领导和社会网络的交互演化的影响效用。整体而言，现有领导者社会网络的研究主要集中在静态的视角下，关注已经形成的领导者社会网络的影响效用，而对领导者如何构建社会网络等有关领导者社会网络的形成、演化及领导者与社会网络交互作用的研究明显不足，因此近

1 绪论

几年的相关研究和本领域的顶级学者都在不断地号召：领导者社会网络的研究不应该停留在静态化的视角下，研究者们应当关注领导者社会网络的动态化研究，领导者社会网络的研究正在从静态化视角向动态化、过程化的视角转移。

在研究方法上，国外有关领导者社会网络的研究包含了案例、问卷调查、实验、仿真设计、田野调查、事件和文案分析等多种研究方法，既有量化研究也有质性分析，并且呈现出多种研究方法的综合应用。在数量上，47.6%采用问卷来收集数据，并且大多数文章对研究方法进行了回顾与论述（Li，2013）。整体而言，虽然社会网络方法与领导研究的结合才刚刚开启，但已经得到越来越多学者的关注，发表的文章大多刊登在具有较大影响力的期刊上，可以预见，未来在领导学研究的期刊上将见到更多社会网络视角下的领导研究，领导者社会网络的研究将成为领导学未来研究的焦点。

相较而言，国内有关领导者社会网络的研究刚刚起步，对于领导者社会网络的相关议题研究尚停留在含义的理解和解读层面，而对于机理性的议题研究鲜有触及。事实上，大部分文献只是内容出现了领导者和社会网络的词义，并未对两者的关联性和领导者社会网络本身进行研究和探讨，真正关注到领导者社会网络的研究则更加稀少。在研究方法上，国内主要以概念介绍和理论论述为主，实证研究相对较少，尤其是基于质性数据分析的研究非常欠缺，同时在研究方法应用上种类相对单一，采用多种混合研究方法的综合研究在进行文献搜寻中尚未发现。整体来看，国内有关领导者社会网络的研究尚在起步阶段，针对这一领导研究的新趋势，结合我国的实际情境，还有大量的工作需要开拓，值得学者们持续关注。

（2）领导者社会网络研究的核心问题和未来研究方向。尽管领导者社会网络的研究正在成为领导学研究的新热点，但是领导者社会网络的研究才刚刚起步，整体还处于理论构建的初期，相应的框架和核心问题尚未构成体系，因此存在大量的待解问题。通过对已有文献的回顾发现，本领域的权威学者指出了领导者社会网络中的核心议题和未来研究方向，它们将成为本领域的研究重点，并号召研究者对此进行深入探究，以期为理论发展做出贡献。具体归纳总结如表1-2所示。

通过上述回顾可知，当下领导者社会网络研究正在经历着一种趋势演变，即从关注静态视角下已经形成的领导者社会网络的研究转向对领导者社会网络动态化、过程化的研究。相应的核心问题和未来的研究方向可以归纳为以下四个方

表1-2 领导者社会网络研究的核心议题和未来方向

核心问题	来源
1. 领导者社会网络如何影响领导力	Carter 等（2015）
2. 领导的社会网络结构如何影响个体、群体和组织的绩效	
3. 组织内部网络与领导者（外部）社会网络的相互演化影响	
4. 综合应用多研究方法进行跨层级的领导社会网络研究	
5. 基于计算机科学的领导社会网络研究	
6. 领导者的特质、行动对领导社会网络结构的影响研究	Cullen 和 Yammarino（2014）
7. 组织和情境因素如何影响领导者的社会网络结构	
8. 超越传统研究方法，采用多元新方法对领导社会网络进行研究	
9. 领导者社会网络的形成、发展和演化研究	Burt 等（2013）
10. 领导者在构建社会网络上的差异与影响研究	
11. 网络的动态化过程研究	Carpenter（2012）
12. 采用仿真实验研究方法进行领导者社会网络研究	
13. 跨层级的领导者个人网络对组织的效用影响	
14. 领导者如何影响社会网络的连接	Hoppe 和 Reinelt（2010）
15. 领导者社会网络如何影响领导者的权力	
16. 综合利用多种研究方法来进行领导者社会网络研究	Li（2013）
17. 领导者社会网络的动态化研究	
18. 领导者特质如何影响社会网络的构建与演进	Landis（2015）
19. 领导者如何构建社会网络	Plastrik 和 Taylor（2006）
20. 进行跨层级的社会网络研究具有重要意义	Brass（2004）

面：第一，领导者社会网络的效用研究，即领导者社会网络对领导者（如领导力浮现和领导有效性）、团队、组织的影响效用研究；第二，领导者对领导社会网络的影响研究，包括社会网络的形成、发展和演化的影响研究；第三，领导者个体因素与社会网络结构特征的协同演化产生的效用研究；第四，综合利用多种研

究方法（尤其是计算机仿真方法以及量化与质性研究方法的结合）进行跨层级的组织研究。这些研究问题是本领域理论关注的焦点，有待研究者进一步的研究。

通过对以上理论背景的回顾可知，第一，企业环境变更给领导者带来了新的挑战，客观上促使领导学形成了一个新的趋势，它与以往传统的领导研究聚焦于人力资本取向不同，主张从多维度来认知领导本质，除了关注领导者个体和情境因素外，也应该重视人与人之间的关系结构，从社会关系和网络视角来解读领导不仅是必要的，而且更有可能触及领导的本质；第二，由于社会网络方法具有的特定优势及基于近期相关学者对领导本质的重新解读，社会网络的方法和视角与当下领导研究的发展需要具有高度的适配性，有助于领导理论的发展和完善，因此社会网络的方法正逐渐在领导学研究中兴起；第三，多种研究方法的综合运用将越来越多地出现在领导学的研究中，量化实证主义范式"一统天下"的格局将会在未来领导的研究中被解构；第四，领导者社会网络的研究作为重新解构领导的新视角刚刚起步，充满机遇，尚有大量的待解问题需要研究者关注和贡献力量，尤其是基于国内情境的相关研究尚属于理论研究的空白区。领导者研究正在从关注人力资本因素向关注社会资本因素和两者之间的结合转移，领导者社会网络的研究将会对领导理论发展起到关键作用。

1.2 相关概念的界定和研究问题的说明

1.2.1 相关概念的界定

1.2.1.1 领导者社会网络的定义与分类

领导者社会网络（Leader's Social Network or Tie）的研究是社会网络分析方法（Social Network Analysis，SNA）与领导研究相融合的一种体现和重要组成部分，相关研究中虽然多有涉及此概念（Carter et al，2015），但尚未在已有文献中发现直接的释义。本领域对此概念的解读多从社会网络的定义本身出发，将领导者视为网络中的一名行动者进行论述。由于领导者社会网络的内涵并不复杂，这样的处理方式并没有影响人们对于领导者社会网络的理解。基于上述逻辑和本领域内的一般理解，在本书中所指领导者社会网络是指以领导者参与其中的，由包括领导者和与领导者有互动关联的行动者，以及彼此之间形成的关系组成的集合。由于领导者具有的特殊身份和属性（如权力和角色定位），不同于其他一般社会网络中对所有行动者等同取向的特点，领导者社会网络的研究通常是以领导者为本位中心取向的。

由于理论研究和实证研究中数据收集的需要，对领导者社会网络进行分类是必要的。基于不同的研究目的和视角，领导者社会网络存在多种分类方式（Borgatti and Foster，2003）。典型的如工具型社会网络和情感型社会网络的划分（Lincoln and Miller，1979）。其中，工具型社会网络是指那些与工作任务相关，多基于正式工作关系而形成的社会网络，个体之间交换更多的是信息资源和知识，如意见网络；情感型社会网络多形成于朋友关系，它以社会支持和趋同的价值观念为基础，网络中的个体交换更多的是情感（Ibarra and Andrews，1993）。工具型社会网络与情感型社会网络并不是彼此独立的，两者之间存在重叠，并且在特定的情境下可以相互转化（Lincoln and Miller，1979）。

除此之外，Hoppe 和 Reinelt（2010）以领导力发展为聚焦点，将领导者社会网络分为领导者之间的网络（Peer Leadership Networks）、组织领导网络（Organizational Leadership Networks）、领导政策网络（Field-policy Leadership Networks）和集体领导力网络（Collective Leadership Networks）；Plastrik 和 Taylor（2006）将领导者所在的社会网络划分为关联型社会网络（Connectivity Network）、结盟社会网络（Alignment Network）和产出型社会网络（Production Network）；Balkundi 和 Kilduff（2006）按照层级对社会网络进行了分类，即领导者个人网络（the Ego Network）、组织内部网络（the Organizational Network）和组织之间的网络（the Interorganizational Network）；Ibarra 和 Hunter（2007）在对领导者如何构建和使用社会网络的研究中将社会网络划分为个体社会网络（Personal Social Network）、运营型社会网络（Operational Social Network）和策略型社会网络（Strategic Social Network）。

整体来看，研究者在领导者社会网络分类上没有形成特定的模式，既可以基于网络提供的内容和效用，也可以基于网络组成的个体类别；整体以便利数据收集和实现研究目的为导向，可以根据研究需要对社会网络类型进行分类。本书的研究涉及的领导者社会网络既包含领导者的组织外部网络，也涵盖了以领导为核心的组织内部网络。

1.2.1.2 本书中领导者的界定

通常领导者是指可以影响和领导他人的人。在企业组织中，领导者依据所在层级的不同，可以分为初级领导者、中层领导者、高管及最高领导者。领导者所在的层级通常可以反映领导者在组织中具有的职位权力和掌控调配资源的能力，职位越高的领导者相对拥有更多的决策自主权，更容易实施自己对于组织运营的策略。同时，依据领导者是否拥有职位权力，还可以将领导者分为正式领导者和非正式领导者两类；正式领导者指占据组织中对应领导岗位的人，拥有职位权力；而非正式领导者不是名义上担任领导职位的人，他们通过个人魅力、知识等非职位权力因素来影响他人。本书中的领导者主要指对组织战略决策有决定性影响的"一把手"，他们可能既是组织的所有者也是组织的实际控制人，对组织资源的调配和策略选择拥有决定权，是组织中的正式领导者。

1.2.1.3 策略的定义

在管理学研究范畴内，策略通常指为实现组织或团队目标，解决所面对问题的方式、方法或行动（Freedman，2013）。有的研究也将它视为战略的一种形式，此时策略在外延上通常还涵盖了目标和计划的内容。在组织战略领域中，存在多种的策略形式，最为典型的有 Porter（1980）提出的获得组织竞争优势的低成本策略、差异化策略和集中化策略；Miles 和 Snow（1978）提出的防御型、探索型、分析型及反应型策略；Meznar 和 Nigh（1995）划分的缓冲型和建桥型策略，以及被广为接受的 Weidenbaum（1980）提出的被动反应型策略和主动预测型策略等。

从上述策略类型的定义和分类中可知，管理研究中的策略方式和类型多种多样，只要符合策略的定义，同时有助于研究论述和理论进展，研究者可以依据研究的需要给出新的策略类型。本书涉及的领导者社会网络构建策略是指领导者为了实现构建社会网络的目标，在进行网络连接的过程中展现出的行动方式和策略方法。

1.2.2 本书的研究问题

本书研究问题的提出来源于两个方面：一方面，基于前期开放式探索性的案例研究，在访谈中感受到领导者社会网络在管理实践中对组织存在显著的影响，同时发现不同的案例研究对象在构建社会网络的形式上存在差异，由此产生了疑问和研究兴趣，基于管理实践现象，由研究兴趣转化为研究问题；另一方面，在对相应理论和文献进行回顾时，发现相关的研究正在兴起，而现有研究存在大量的理论空白区。由此，基于实践调研中发现的管理现象、疑问和理论研究现状的回顾中发现的研究不足和理论空白，形成了以下三个彼此关联的研究问题：

第一，领导者如何构建社会网络？要想探求和回答领导者社会网络形成的机理和进行动态的过程化的领导者社会网络研究，就必须先要回答领导者是如何构建社会网络的。无论是从文献的已有研究，还是从中国的管理实践来看，领导者对社会网络的效用是有所认知的，因此领导者存在主动构建社会网络的潜在动因，且从中国的管理实践来看，不同的领导者存在不同的网络构建策略方式。作为探索性研究，本书将重点聚焦于领导者社会网络的构建策略，即领导者如何构建自己的社会网络。

第二，领导者如何选择社会网络构建策略？这个问题是上一研究问题的深化，即当存在不同的社会网络构建策略时，领导者如何进行选择。（为什么领导者之间会存在网络策略选择的差异？）该部分研究属于领导者社会网络策略的前因变量研究，具体需要回答两个问题：①哪些因素影响了领导者社会网络策略的选择？②这些因素与领导者网络策略选择之间存在怎样的影响关系？

第三，领导者社会网络策略的影响效应是什么？这个问题与上述两个研究问题一脉相承，在研究和探讨过领导者社会网络的构建策略和选择后，自然要关注不同的领导者社会网络构建策略产生的影响效用。该问题属于领导者社会网络构建策略的结果变量研究，基于研究案例的发现和理论基础，既需要回答领导者社会网络构建策略对哪些组织中的变量产生了影响，也需要阐释影响这些变量的机理。

事实上，本书研究问题的确定经过了一个由开放到收敛，并不断探索，逐渐具化的过程。在研究的初始阶段，只将领导者作为研究对象，从社会化和互动的双重视角，开放性地对其领导过程和领导者个体经历进行梳理，关注领导现象和领导行为，并未预先带入明确的研究问题。伴随着研究的进行，在对研究对象的访谈和数据的初步整理分析过程中，研究问题开始逐步显现，笔者探寻到研究兴趣点，并在后续的文献和理论梳理中发现，领导者的社会网络相关议题逐渐成为管理实践和理论研究双重关注的焦点。最终确定了本书的三个彼此关联的研究问题。具体如图1-6所示。

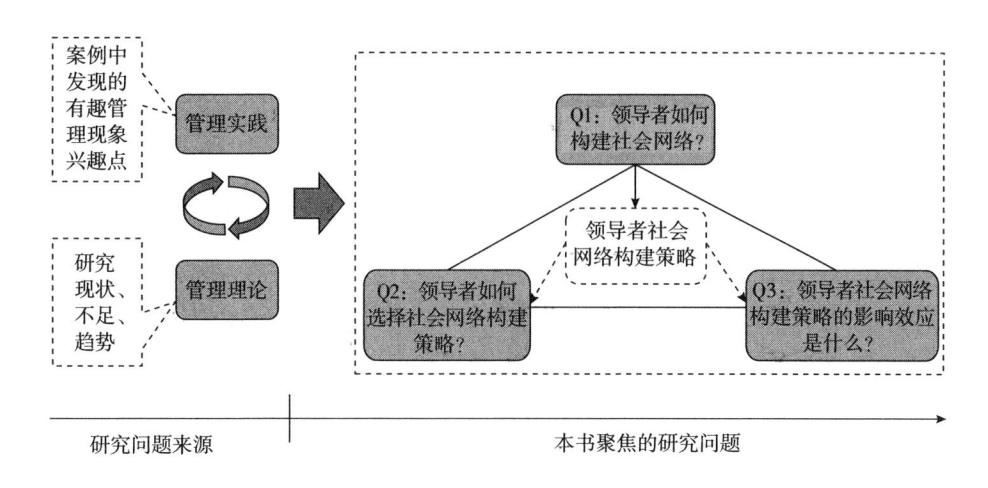

图 1-6 本书研究问题的框架

1.3 研究意义

1.3.1 现实意义

领导者社会网络是应对快速多变世界中复杂问题的一个有效工具和手段，需要领导者学习和认知（Hoppe and Reinelt, 2010），并会给领导者带来持续的收益（Janicik and Larrick, 2005；Burt and Ronchi, 2007）。关注领导者社会网络的构建机理和其对组织与领导者个人的影响是管理理论研究对领导者实践现象的一种回应，基于对三个彼此关联的研究问题的解答，本书的现实意义主要体现在以下三点：

第一，通过对领导者如何构建社会网络问题的解答，提出了两种社会网络构建策略，为管理实践中领导者获取社会资本提供了实用方法。本书从社会网络视角阐释了领导社会资本因素的重要作用及领导如何获得与积累这种社会资本，为领导实践者从社会资本因素视角下重新理解领导者的任务与作用以及管理实践中获取和积累社会资本提供了启示。

第二，通过对领导者社会网络构建策略影响因素和策略选择的研究，有利于帮助管理实践者认知组织面对的实际情境因素，提高对领导本质的理解和领导者社会网络（资本）的系统认知，并为领导者提供了一个构建社会网络的系统分析视角，为管理实践中的领导者在获取社会资本时如何选择社会网络策略提供了参考依据。

第三，通过对领导者社会网络构建策略影响效应的研究，指出了领导者社会网络策略对高管团队稳定性、领导者权力和团队任务绩效与效率的影响，有助于领导者系统认知社会网络策略选择对后续管理实践的影响效应，进而提升领导决策质量，优化组织战略，提升领导者有效性。

此外，本书的研究也为国内 MBA 教育教学的取向（应当关注社会资本）提供了一定的启示。

1.3.2 理论意义

通过对理论背景的探究和对已有研究不足的总结，笔者发现领导研究正在由以人力资本为主导的研究向关注社会资本因素转变，有关社会资本因素对领导的影响构成了领导理论研究的新热点；而社会网络分析的相关研究正在从以关注网络形式为主的结构主义取向，向关注网络中个体因素的后结构主义取向转变；两个相关研究领域的趋势演变客观上促进了领导者社会网络的研究发展，同时领导者社会网络的研究已经不满足于静态视角下理论探求，进行动态过程化的理论研究已经成为新的研究趋势。基于上述分析（见图1-7），本书的理论意义主要体现在以下三个方面：

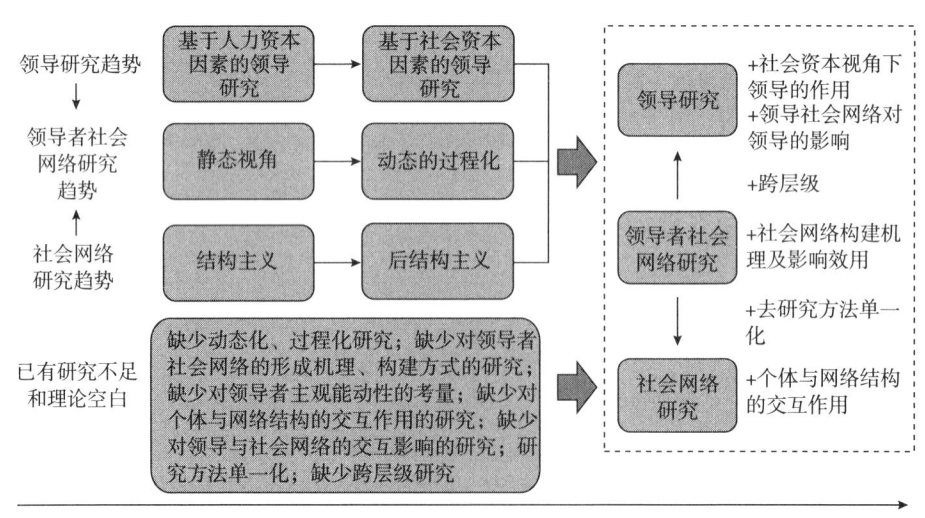

图 1-7 理论发展趋势及本书的理论意义

1 绪论

第一，对领导理论的意义在于，基于社会网络分析视角对领导的意义和作用进行了解构，研究了领导者对社会网络的影响及领导者社会网络对领导的影响，弥补了领导者研究长期以来对社会资本因素关注的不足，是对领导者研究从人力资本导向转向社会资本导向的一种回应，其中跨层级的研究（领导者—领导者社会网络—高管团队）不但丰富了多维度下领导研究的内容和情境，还阐释了社会资本因素对领导有效性的影响效用，进而为拓展社会资本视角下的领导研究做出了贡献。

第二，对社会网络研究的理论意义在于，本书回应了社会网络研究对于个体特质因素与网络结构特征相结合的研究号召，弥补了社会网络研究主要关注个体的网络位置差异与关系特征差异，而对人与人之间的能力差异和行为策略选择偏好的差异关注不足，推进了"后结构主义"下的社会网络研究。

第三，对领导者社会网络研究的意义在于，回答了领导者构建社会网络的机理问题，丰富了有关领导者个体社会网络的微观研究，其中对领导者网络构建策略和领导者特质与网络策略选择的影响探究，弥补了相关研究在领导者社会网络形成方式、网络结构演变和构成机理上的不足，推进了领导个体与社会网络结构的交互作用的研究，响应了学术界对于领导者与网络动态演化研究的号召。

1.4 研究思路与章节安排

本书的完成过程实际上是一个研究问题与研究探索协同演进、涌现，螺旋递进的过程，本书的研究采用了混合研究方法中的探索性序贯研究设计来对上述研究问题进行解答，具体的章节安排如下：第1章绪论，介绍了研究背景，指出了领导者社会网络研究的重要性，根据案例的探索性研究发现和已有研究不足提出了本书的研究问题，并论述了研究意义和各章节的安排；第2章文献综述和理论基础，主要回顾了已有研究进展，并陈述了与本书研究相关的理论支撑和后续命题假设提出的理论依据；第3章研究方法与研究设计，介绍了本书采用的研究方法和整体研究设计的思路，并就研究中涉及的案例研究、问卷调查和仿真研究的具体设计思路和数据收集分析过程进行了详细的论述；第4章领导者社会网络的构建策略，研究了领导者构建社会网络的两种策略；第5章领导者社会网络构建策略的选择，研究了影响领导者社会网络构建策略的选择因素，以及其与社会网络构建策略选择之间的关系，并对相应的研究假设进行了验证；第6章领导者社会网络构建策略的影响效应，研究了领导者社会网络策略的影响效应，包括领导者社会网络策略对领导者个人权力和对高管团队稳定性、任务绩效与效率的影响；第7章结论、贡献与展望。根据研究问题与结论，本书的整体研究框架如图1-8所示。

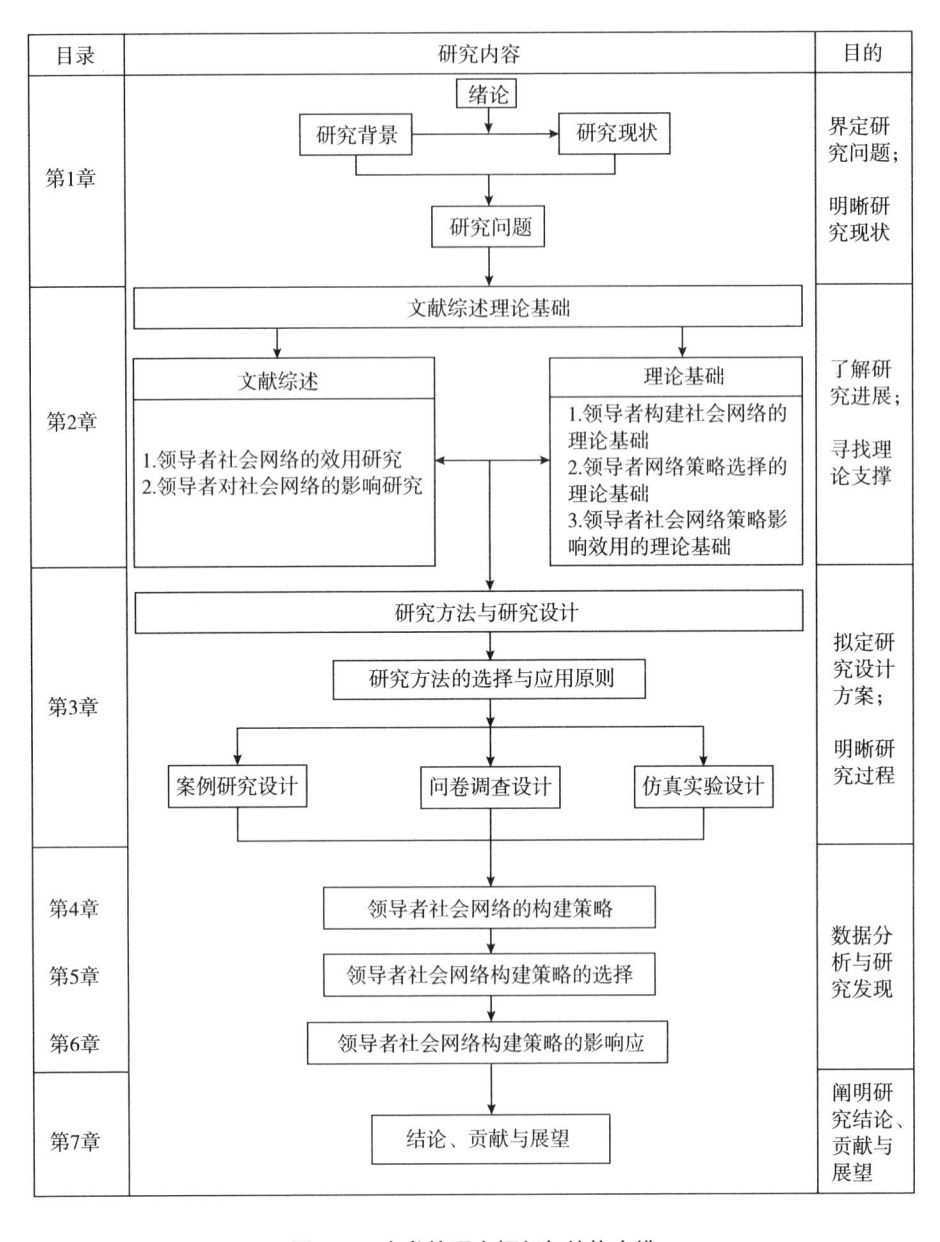

目录	研究内容	目的
第1章	绪论 研究背景 → 研究现状 研究问题	界定研究问题； 明晰研究现状
第2章	文献综述理论基础 文献综述： 1.领导者社会网络的效用研究 2.领导者对社会网络的影响研究 理论基础： 1.领导者构建社会网络的理论基础 2.领导者网络策略选择的理论基础 3.领导者社会网络策略影响效用的理论基础	了解研究进展； 寻找理论支撑
第3章	研究方法与研究设计 研究方法的选择与应用原则 案例研究设计　问卷调查设计　仿真实验设计	拟定研究设计方案； 明晰研究过程
第4章 第5章 第6章	领导者社会网络的构建策略 领导者社会网络构建策略的选择 领导者社会网络构建策略的影响应	数据分析与研究发现
第7章	结论、贡献与展望	阐明研究结论、贡献与展望

图1-8　本书的研究框架与结构安排

2 文献综述与理论基础

本章的主要内容是综述已有文献和阐述研究的理论基础，旨在了解研究现状，并为后续研究提供理论支撑。

2.1 文献综述

领导者社会网络的研究主要涉及领导者、领导者社会网络和组织（包含组织中的团队和下属）三个对象，如图 2-1 所示，相关的研究也主要围绕三者之间的相互作用机理和影响效应展开，即图中三个相互作用的路径一、路径二、路径三。其中，路径一是基于人力资本视角的领导研究路径，路径二、路径三是基于社会资本视角的领导研究路径。有关领导者直接对组织的影响研究如图 2-1 中①所示，涵盖了以往领导研究的大部分内容，主要从人力资本视角出发探讨领导者特质（Zaccaro，2012）、行为风格、战略决策、认知模式（Marcy and Mumford，2010）、变革型领导力（Bass，1985），以及对组织及组织内部的团队和下属产生的影响（Kaiser et al，2008；Yukl，2008）。同时也有研究表明组织的制度和文化因素也会对领导者的行为产生影响（Meyer and Rowan，1977；Scott，1987）如图 2-1 中②所示。基于人力资本视角的领导研究为理论发展和解读领导本质做出了巨大的贡献，也构成了以往领导研究的核心内容。但是如前文所述，伴随着企业环境的变更和对于领导本质关系化、互动性本质的重新解读，领导者社会资本因素的重要意义逐渐被认知，并且已经形成了一个新的研究取向。路径二、路径三构成了领导者社会网络研究的主体内容，具体可以划分为领导者社会网络效用研究（包含领导者社会网络对组织和领导者的影响作用，如图 2-1 中

④⑤所示）和领导者对社会网络的影响研究（如图2-1中③所示），而对于图2-1中⑥所示的组织对领导者社会网络的影响研究则较少。下面将分别对领导者社会网络研究的两个主要研究主体内容进行综述和总结。

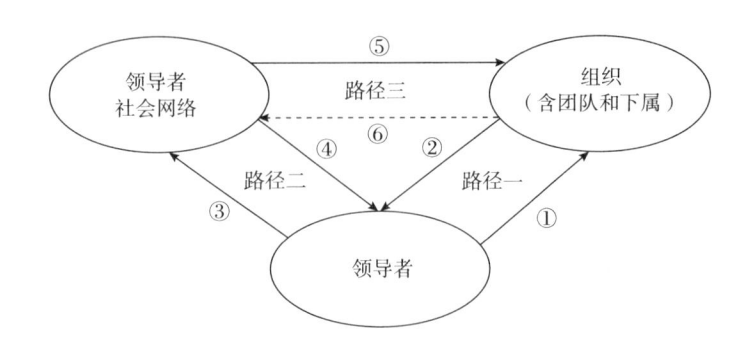

图 2-1　领导者社会网络研究宏观脉络框架

2.1.1　领导者社会网络效用研究综述

领导者社会网络的效用研究从内容上主要体现在两个方面：领导者社会网络对领导有效性和领导力呈现的影响研究，其中在相关研究中发现领导者社会网络对领导有效性的影响涵盖了组织研究中大部分具有现实意义的结果变量，如任务绩效、创造力、知识和资源获取等；如果从研究对象来看，研究又可以分为对组织、团队、下属的影响研究和领导者个人的影响研究。此外，还有学者以领导者与网络之间的关系、网络中的领导者、领导者与网络的交互三个方面对领导者社会网络的效用研究进行了总结（Carter et al., 2015）。

2.1.1.1　领导者社会网络对组织的影响研究回顾

领导者社会网络对于组织的多个方面具有重要意义，从组织内部的知识分享（Tortoriello et al., 2012）到创造力水平（Burt, 2004），从组织的长短期绩效（Brass et al., 2004）到团队的稳定性等。整体来看，领导者社会网络对组织的影响作用源于领导者社会网络所蕴含的社会资本和社会网络的结构化效应。其中，社会资本通常指个体社会网络具有的嵌入性资源（Lin, 1999a），这些嵌入性资源涵盖资源范围、最佳资源、资源多样性、资源互补性等多方面因素，同时会对领导者所在的组织、团队和个体（领导者和下属）等横跨多层级的研究对象产生重要的影响，具体涉及资源和信息获取、任务绩效、知识转移、创造力、

2 文献综述与理论基础

组织能力等多个方面。已有研究指出个体在社会网络中的位置是影响社会资本的重要因素（Burt，1992；Lin，1999a；Brass and Krackhardt，2011）。其中，网络位置的核心指标包括网络中心性、结构洞、网络闭合性和联结强度等。因此，领导者社会网络的结构化效应也是领导者社会网络影响组织效用的主要机理。

一般而言，在管理研究中认为对于组织效用影响最重要的三个理论视角是资源、能力和知识管理。已有领导者社会网络的研究发现领导者社会网络的效用对三个因素均有显著影响。例如，企业家的社会网络可以成为组织获取资源的一种来源（Hite，2005），尤其在企业初创阶段，领导者社会网络可以作为组织获取各类多样化动态稀缺资源的有效途径，同时领导者所在网络的结构化特征能够影响组织稀缺资源的获取（Sullivan and Ford，2014），那些拥有更大网络规模的领导者有更多的机会获取新的资源从而可以帮助组织应对多变的环境挑战，进而获得竞争优势（Zaheer and McEvily，1999）；而领导者所在网络的异质性可以影响组织的创新绩效（Rodan and Galunic，2004）。此外，企业家的社会网络对于组织的机会识别（Burt et al.，2000）、财务绩效（Uzzi，1999）、永续经营（Uzzi，1996）和组织成长（Powell et al.，1996）也有重要意义。因此，有关领导者社会网络的研究对于解构组织对外部环境的资源依赖具有重要的价值。

不仅如此，领导者的社会网络效用还体现在对组织动态能力的影响上。已有研究发现领导者社会网络的规模和网络关系强度能够影响组织分配和整合资源的能力，较大的社会网络规模和较强的社会网络关系将有助于提升组织获取资源的能力（Gulati et al.，2002）。同时领导者社会网络能够影响组织联盟的形成和组织在构建联盟的能力（Gulati，1999），而组织的网络位置可以影响组织的创新能力，进而对组织的绩效产生影响（Zaheer and Bell，2005）。领导者的社会网络还对组织的吸收能力有显著的影响，从而间接影响组织的绩效和策略灵活性（Fernandez-Perez et al.，2012）。

此外，领导者的社会网络还有助于组织获取高质量的信息和知识（Burt，1992），并对组织之间的知识转移有显著的影响作用（Bell and Zaheer，2007）。对此，网络的结构化效应也发挥了相当大的作用，领导者社会网络的特征对组织的信息和知识获取有显著影响，当领导者具有较大的外部社会网络规模时，将有助于加强知识转移的速度和获取高质量的知识（Dyer and Nobeoka，2000；Kale et al.，2000）；同时，领导者社会网络的强度越大越有利于高质量信息的流通和隐性知识的转移（Uzzi，1996）。领导者还可以通过自身的社会网络进行知识管理（Zaheer et al.，2000），这种从组织外部获取并管理信息和知识的能力对于组织具有重要的意义（Zaheer et al.，1996）。领导者的外部网络能够提高公司的战略执行能力（Nadkarni and Narayanan，2007），而其在外部网络的中心性和网络密度可以影响领导者所在团队的客观绩效（Mehra et al.，2006）。

领导者社会网络对组织内部团队也有多方面的影响效用（Henttonen，2010），由于网络密度与沟通和互动效果相关，因此领导者内部网络的密度可以影响所在团队的任务绩效和团队稳定性（Balkundi and Harrison，2006）。不仅如此，领导者的社会网络结构化特征对组织内部的团队创造力产出也有影响，当领导者的社会网络结构位置居于中心和边缘时都不利于团队的创造力，因此领导者寻求所在团队中网络位置的平衡点就成为影响团队创造力的关键（Kratzer et al.，2008）。这种由于网络结构化效应产生的影响还体现在对组织内部沟通的效果上，当领导者处在沟通网络的中心位置时，领导者与下属会有更多的互动和沟通，因此领导者在社会网络中的中心性与团队的绩效高度相关（Bavelas，1950）。此外，领导者社会网络对于团队绩效有显著的影响也与领导者本身相关，有研究表明领导者的魅力有助于其占据组织内部社会网络中的中心位置，进而对组织的绩效产生积极的影响（Balkundi et al.，2011）。

2.1.1.2 领导者社会网络对领导的影响研究回顾

领导者社会网络对领导的影响主要体现在领导力的呈现上，领导者在社会网络中的位置会影响下属对于领导的认知（Lord and Emrich，2001），同时领导者社会网络的规模、结构特征、关系强弱等因素构成了领导者社会网络对领导产生影响的核心机理基础。具体地，有研究表明社会网络的结构化效应对魅力型领导有显著影响（Pastor，2002），其中网络距离可以作为下属对领导魅力的归因，并可以对领导魅力产生近似效应和聚焦效应。下属通常会对那些在社会活动中与其互动频繁、给予其建议的领导者赋予更高的魅力感知，而处于社会网络中心位置的领导者会有更多、更便利的机会产生这种影响，因此领导者在社会网络中的位置能够影响下属对其领导魅力的感知（Balkundi et al.，2011），进而影响团队绩效。

领导者社会网络对领导者声誉也有显著影响（Mehra et al.，2006），领导者拥有的社会网络可以提升其在社会上的声誉，并增强社会对他的认可与肯定（Lin，1999b）；同时以合作网络为研究对象发现，网络规模和密度可以预测领导在网络中的位置（Parker and Welch，2013），领导者的中心位置不但对获得下属的信任有显著影响（Lau and Liden，2008），同时由于具有网络中心位置的个体拥有对资源、信息和知识的控制性优势（Burt，1992；Lin，1999b），增强了他人对占据此位置人员的依赖性，因此领导者在网络结构中的位置（中心度）与领导者权力具有相关性（McElroy and Shrader, 1986），利用网络效应可以使个体走向领导岗位（Collier and Kraut, 2012），进而获得更好的职业发展（Wolff and Moser, 2009）。

2.1.2 领导者对社会网络的影响研究综述

领导者是影响社会网络构建和维持的重要因素，Valente（2012）阐述了通过对社会网络数据的可利用性和特征的干预能够影响组织的绩效，其中强调领导者在对社会网络的影响中扮演着重要的角色。事实上很多组织的领导者大都既是组织的内部管理者和实际权力掌控人，又是组织外部的形象代言人和战略决策者，因此无论对于组织内部网络还是对于组织外部网络都具有重要的影响作用。

2.1.2.1 领导者的认知对社会网络的影响

领导者对社会网络的认知是领导者对社会网络发挥影响作用的基础和核心影响因素（Kilduff and Krackhardt, 1994）。领导者在对于如何与他人相处和营建社会关系上具有一定的认知模式和期许（Kilduff and Tsai, 2003），领导者在此方面的认知理念能够影响社会网络的构建、社会网络的边界及社会网络成员的构成和网络结构的演化（Janicik and Larrick, 2005）。不仅如此，领导者对其社会网络的准确认知还关系到他对社会资本的利用和其在领导者社会网络中的位置（Casciaro, 1998），进而影响其在组织中的权力，那些能够对组织中社会网络重要性有准确认知的领导者有更大的可能获得对组织中自身权力的感知（Krackhardt, 1990; Simpson, Markovsky and Steketee, 2011）。此外还有研究表明领导者对社会网络的认知可以影响团队绩效水平（Greer et al., 1954）。在认知内容上，领导者对于社会网络的认知至少涵盖以下四个方面：第一，个体在社会网络中的彼此关系；第二，嵌入在朋友、亲人等社会网络中个体关系的质量；第三，领导者社会网络可能对组织目标的达成具有的重要意义；第四，社会网络的结构化效应。领导者对上述内容的认知将会对领导者个人社会网络、组织内部网络和组织之间的网络连接产生重要的影响（Balkundi and Kilduff, 2006）。然而，领导者对社会网络的认知失调也可能带来不利的影响效应。由于领导者在对社会网络的认知上存在差异，领导者并不总是能够对自己周围的社会关系进行准确的认知，同时还可能由于认知偏差的存在（Krackhardt and Kilduff, 1999）影响领导力的呈现（Kumbasar et al., 1994）。

2.1.2.2 领导者的人口统计变量对社会网络的影响

人口统计变量，如教育水平、年龄、种族、性别等能够影响个体的社会化经历、感知和社会地位（Hambrick and Mason，1984），具有相似人口统计特征的人更趋向于形成一个共同的价值观念进而走进一个共同的社会网络，因此领导者的上述特征将对网络的规模、内容和结构位置有显著的影响（Klein et al.，2004）。然而，也有研究发现种族对于团队中结构洞的占据并无影响，相较人口统计变量本身而言，社会网络的结构化效应对团队的影响可能更加明显（Balkundi et al.，2007）。个别研究还发现领导者的工作任期也会对社会网络产生影响，领导者任期越长，越容易从社会网络中获取意见（Daly et al.，2014）。领导者参与学习和接受教育培训活动的过程中，不仅可以得到领导力水平的提升，还有助于获得社会资本（Galli et al.，2012）。

2.1.2.3　领导行为风格对社会网络的影响

已有研究发现魅力型领导行为可以带来更好的团队合作水平，进而影响其所在的工具型社会网络密度，从而影响团队的绩效产出（Varella et al.，2012），同时还有研究发现魅力型领导行为可以帮助领导者走向社会网络的中心位置（Balkundi et al.，2011），从而对社会网络的结构产生影响。此外，魅力型领导行为不仅可以预测领导者的意见网络的密度、关系强度和团队稳定性（Zhang and Peterson，2011），还可以通过对网络密度的作用而对团队氛围产生影响（Zohar and Tenne-Gazit，2008）。

2.1.2.4　领导者特质对领导者社会网络的影响

由于社会网络的本质是内在的人际关系现象，而人与人之间的关系会受到网络中个体的心理学特征（如特质）的影响（Mund and Neyer，2014）。领导者特质对社会网络的影响研究构成了领导者对社会网络影响研究的主体，也是领导对社会网络产生影响的核心因素。通常特质是指相对稳定和连贯的个人性格综合体，具有稳定和一贯行为样式的特征，相对而言不受环境的影响，可以表现出一定范围里稳定的个体差异，包括个性、性情、动机、认知能力、技能以及专长等（约翰·安东纳基斯等，2011），并且能够引导和影响人们的行为（Hogan，2005）。具体到领导者特质对社会网络的影响主要体现在以下三个网络特征上（Landis，2016）（见表2-1）：

（1）结构洞和寻租。社会网络理论认为占据网络中结构洞位置的个体有更多的机会获取信息、创意和意见（Burt，2005），并由此获得更高的绩效评价（Mehra et al.，2001）和更快的职位提升（Brass，1984）。早期关于特质与结构洞位置的研究，多采用开放式问答的方法，来探究占据结构洞的个体在行为趋势上表现出的特质，并以此作为两者相关性的证明（Burt et al.，1998），相应的研

表 2-1 领导者特质对领导者社会网络影响的文献总结

文献	领导者特质	社会网络类型	结果变量	主要发现
Clifton 等（2009）	表演型 自恋 回避型	同级网络	中介中心性	领导者的表演和自恋型人格与其社会网络中的中介中心性呈正相关关系；回避型人格与其社会网络中的中介中心性呈负相关关系
Kalish（2008）	外倾性/神经质 内外控倾向/守旧性 注独立性/乐善好施 传统主义/自我导向 普遍主义	朋友网络	结构洞	领导者的内部控制倾向、守旧和权力与其拥有相似个体之间的结构洞呈负相关，而领导的独立性与其拥有不同个体之间的结构洞呈正相关
Mehra 等（2001）	自我监管	朋友网络	中介中心性	领导者的自我监管特质与其在朋友社会网络中的中介中心性呈正相关关系
Oh 和 Kilduff（2008）	自我监管	熟人网络	中介中心性	领导者的自我监管特质与其在社会网络中的直接和非直接中介中心性呈正相关关系
Sasovova 等（2010）	自我监管	朋友网络	结构洞	领导者的自我监管特质与其积累的新的网络关系和随着时间推移增加结构洞呈正相关
Penuel 等（2009）	自我效能感	教师社会网络	中心性	自我效能感更高的领导者往往处于教师社会网络的中心
Wolff 等（2002）	情商 共情力	团队领导力网络	中心性	领导者的情商，尤其共其情能力预示了其在团队领导力网络的中心位置
Venkataramani 等（2010）	积极情感 消极情感 自我监管	咨询网络	中心性	领导者的消极情感特质与其处于咨询网络的中心位置呈负相关关系

续表

文献	领导者特质	社会网络类型	结果变量	主要发现
Toegel 等（2007）	积极情感	朋友和工作流网络	中心性	领导者的自我监管特质与其处于朋友网络的中心位置呈正相关关系；领导者的自我监管特质、积极情感与其处于工作流网络的中心位置呈正相关关系
Neubert 和 Taggar（2004）	外倾性 尽责性 开放性 情绪稳定	咨询网络	中心性	领导者的外向性和开放性特质与其处于咨询网络的中心位置呈正相关关系
Liu 和 Ipe（2010）	尽责性	咨询网络	中心性	领导者的尽责性特质与其处于咨询网络中心位置呈正相关关系
Klein 等（2004）	享乐主义/尽责性 外倾性/神经质 宜人性 开放性	咨询、朋友和对抗网络	中心性	领导者的神经质特质与其处于咨询和朋友网络中心位置呈负相关关系；领导者的神经质特质与其处于对抗网络中心位置呈正相关关系
Anderson（2008）	认知需求	信息网络	中心性	领导者的认知需求与其处于信息网络中的中心地位弱相关
Foti 和 Hauenstein（2007）	高智商/主导地位 自我效能感/自我监管	领导者网络	中心性	领导者的高智商、占主导地位、自我效能感和自我监控特质与其处在影响力网络的中心地位有关。这些特质也预示着更高的领导有效性得分
Casciaro 等（1998）	成就需求 归属需求 外倾性/自我监管	朋友和咨询网络	中心性	领导者的外倾性特质与其处于朋友网络的中心地位微弱相关

— 30 —

续表

文献	领导者特质	社会网络类型	结果变量	主要发现
Fang 和 Shaw (2009)	自我监管	朋友和工作流网络	中介中心性和网络规模	领导者的自我监管在各个社会网络中与其中介中心性和网络规模呈显著相关
Kalish 和 Robins (2006)	外倾性/神经质自我监管内外控倾向群体关注/个人关注	同级网络	网络强度	领导者的外部控制倾向与其内部控制倾向的封闭网络呈微弱相关关系；领导者的内部控制倾向、个人关注和高神经质特质与其处于关系强的开放网络呈正相关关系
Daly 等 (2014)	神经科学自我效能感	领导者网络	网络规模	领导者在教学领导和管理中的自我效能感与接受和给出建议关系的数量和效率呈正相关
Asendorpf 和 Wilpers (1998)	外倾性/害羞社交性/宜人性尽责性	同级网络	网络规模和强度	领导者的外向性、社交性和害羞特质影响了同级网络的规模和强度
Baer (2010)	开放性	经验网络	网络多样性	领导者的开放性特质与其经验网络多样性呈正相关
Mehra 等 (2001)	自我监控	工作流网络	网络规模	领导者的自我监测特质与其工作流网络规模呈正相关
Pollet (2011)	外倾性	混合网络	网络规模	领导者个性变量与其网络规模呈正相关
Totterdell 等 (2008)	外倾性/宜人性尽责性情绪稳定性/开放性	朋友网络	网络规模	领导者的外倾性特质与其朋友网络规模无显著关系
Totterdell 等 (2004)	平和（积极情感）	工作流网络	网络密度、网络规模	领导者焦虑特质与其网络规模呈负相关；阴郁特质与网络密度呈负相关；热情特质与网络规模呈正相关

续表

文献	领导者特质	社会网络类型	结果变量	主要发现
Zhou（2009）	一致性	咨询网络	网络强度	领导者一致性特质与其网络强度呈正相关
Kalish（2013）	智力	智力	网络规模	领导智力影响其领导网络中的新关系；互惠和阶级在领导网络中都可能是存在的
Fang（2015）	自我监控水平	工具网络 意见网络	网络规模 网络中心性	自我监控水平相对大的大五人格对网络规模和网络中心性有更好的预测性
Kilduff（2020）	领导的权力感知	工具网络 意见网络	网络规模 网络中心性	领导者感知的权力越大，其网络规模越大，且越容易处在网络中心位置
Kwon（2020）	认知能力	一般网络	网络结构洞位置	领导者的认知能力与占据网络结构的位置高度相关

究发现结构洞的位置与个体的企业家精神和权威性特质有关。随后人们开始关注广为人知的领导者特质与社会网络中结构洞之间的关联性，又发现外倾性（Digman，1990）和权力感知（Anderson et al.，2012）与此相关。在有关个体特质对社会网络结构的影响研究中，Burt（2012）的研究对理论发展做出了巨大的贡献。他发现个体在社会网络构建过程中展现出的特征具有跨情境的稳定性，具有相似特质的个体在构建社会网络时展现出了相同的表现，这说明个体特质对社会网络位置确实有稳定的实质影响。进而开启了后续领导者特质与社会网络影响的系列研究，其中最为典型的是有关大五人格模型和自我监控与社会网络结构洞（寻租）之间的研究（Fang et al.，2015）。例如，Kalish（2008）的研究发现，情绪稳定性和外倾性与社会网络的结构洞相关；Oh 和 Kilduff（2008）、Mehra 等（2001）、Sasovova 等（2010）学者陆续证明领导者的自我监控水平与领导者是否占据网络中的结构洞位置高度相关，自我监控水平较高的领导者，由于可以更好地与异质性的个体建立网络关系，因而更容易占据结构洞的位置，并因此而获益。此外，还有研究发现，领导者的自恋型人格与网络结构洞正相关，而回避性性格特质与此负相关（Clifton et al.，2009）。

（2）网络中心性。网络中心性是社会网络研究中最原始和基础的核心指标，通常指网络中的某个点相对其他点而言占据更加中心位置的程度（Butts，2008）。按照不同的测量方式和定义又可以分为点中心度、中介中心度和闭合中心度（Freeman，1979）。在领导者社会网络的研究中主要涉及点中心度和中介中心度，通常认为在网络中中心度较高的个体可以获得与其他个体更多的互动机会，因为可能会从中获得益处。已有大量的研究表明领导者的个性特质与网络中心性密切相关，如大五人格中的外倾性、情绪稳定性、开放性、尽责性均被学者们陆续证明与中心度相关（Neubert and Taggar，2004），同时自我监控也与网络中心度有关，自我监控水平越高的个体越容易占据网络的中心位置（Venkataramani，2010）。不仅如此，后续研究中还发现领导者的自我效能水平（Penuel et al.，2009）、情商（尤其是移情能力）（Wolff et al.，2002）、智商（Foti and Hauenstein，2007）、成就感与归属感（Casciaro，1998）等多个领导者特质均可以影响其在社会网络中的中心位置。

（3）关系的强弱、规模与多样性。领导者的特质不但可以影响领导者在网络中的位置，还对所在网络的规模、多样性和网络中关系的强弱有影响。典型的如大五人格和自我监控。具体地，Asendorpf 和 Wilpers S（1998）认为外倾性和情绪稳定性可以预测领导者网络的关系强度和规模，那些更具外倾性性格的领导者会拥有更大规模的社会网络；Baer等（2010）发现开放性人格与社会网络的多样性相关；梅拉（2001）强调自我监控可以对领导者的社会网络规模产生影响，自我监控水平较高的领导者会拥有更大规模的社会网络。此外，还有研究表明领导者的智商（Kalish，2013）和冷静（Totterdell et al.，2004）对社会网络的规模和网络关系密度有显著的影响。

2.1.2.5 领导者策略行为对社会网络构建的影响

领导者策略行为对社会网络构建的影响。领导者社会网络并非与生俱来，它需要领导者有意识地去构建和维护（Uzzi and Dunlap，2005）。尽管有少数具有洞见力的学者提出并号召关注领导者如何构建和使用社会网络这类具有动态化、实用性的问题（Hoppe and Reinelt，2010；Burt et al.，2013），但是相应的研究却乏善可陈。Ibarra和Hunter（2007）在《哈佛管理评论》上最早提及了这一问题，其敏锐的洞察力对于管理实践富有深刻的启示意义。但是作为一篇非严格意义上的学术论文，其最终仅停留在了强调领导者该多行动和实践这样的口号式解答上，相应的理论贡献实在有限。相对而言，Vissa（2011）通过研究提出领导者组建个人网络时的策略遵从匹配原理，即领导者倾向于和社会相似度和任务互补性高的个体建立社会交往。Uzzi和Dunlap（2005）则基于多年的理论研究基础，不但强调领导者对于所在网络的诊断有利于社会网络的构建，还提出领导者在构建社会网络时的关键任务之一便是占据结构洞位置。上述研究的重要意义在于他们指出领导者在构建社会网络时是具有主观能动性的，这与以往研究中只关注领导者特质忽视领导者决策和认知能力的研究有了鲜明的不同。尽管如此，相应的研究仍然没有很好地回答上述的理论问题，有关领导者策略行为和领导者社会网络构建的研究一方面获得了理论研究前沿热点问题的合法性身份，另一方面需要后续学者不断关注，做出实质性的研究发现，进而推进理论前进，给予实践更好的启示。

2.1.3 已有研究的不足和对本书的启示

通过前文分析可知，尽管领导社会网络的相关研究已经开始兴起，但还处于理论发展的前期阶段，相应的研究富有洞见和启发性，但主体研究尚未深入，尤其国内相应的研究更是稀少，其中存在的不足至少体现在以下几个方面：

第一，由于领导学长久以来人力资本导向的传统，领导的研究对领导的关系本质关注不足，造成了管理实践与理论研究的脱节，有关领导者社会网络的效用和领导者与网络交互影响的研究存在大量的理论空缺（Brass and Krackhardt，

1999；Yukl，2002；Carter et al.，2015）。

第二，既有的领导者社会网络研究大多基于静态的视角关注已有社会网络对领导个人或组织的影响效用（Emirbayer and Goodwin，1994），而有关社会网络的前因变量研究、领导者在构建和维持社会网络方面的研究，以及领导者网络策略行动方面的研究明显不足（Stevenson and Greenberg，2000），有关社会网络形成机制和动态的演化研究需要更多的理论关注（Sewell，1992）。

第三，尽管社会网络的方法可以用来进行跨层级的研究，但是以往的研究多集中在同一层级内，对跨层级的研究不足（Brass J et al.，2004）。在继承社会学研究导向的系列研究中，重点关注网络对个体的影响效用，如社会网络对领导个人的影响（Bian，1997）；以及以组织战略联盟为代表的关注战略联盟等对组织的影响研究（Gulati，1998），却少有关注领导者个人社会网络对组织团队产生的影响（Carpenter et al.，2012），这在西方情景（领导者业余生活与工作区分度较大）下并不难理解，但是在国内情境下，领导者与所在组织尤其是对中小企业而言很多时候是高度绑定的，领导者的社会网络（资本）将对所在组织产生重要影响，相关的研究具有重要意义（Moliterno and Mahony，2011）。

第四，以往社会网络研究过于强调网络结构和关系特征对个人行为的约束，而对于个体能动性则极少考虑（Kilduff and Brass，2010）。社会网络的研究中主要关注个体的网络位置差异与关系特征差异上，而忽略了人与人之间的能力差异与行为策略选择偏好的差异，相应的研究缺乏对个体行为策略的考量。进而也影响了领导者在领导者社会网络与组织之间的作用研究。

第五，领导研究在方法论上存在单一化趋向的问题，限于方法论的挑战也影响了对领导社会网络的研究，多种研究方法的综合应用具有明显的优势，可以弥补在此方面的不足，但是实际的研究示例稀缺（Li，2013）。

已有研究中存在的不足也往往是后续研究的重点方向和潜在的理论贡献点。每一项科学研究都是在前人的基础上，力图通过对已有研究不足的改善，来逐渐推进理论进步。正是通过对上述研究的总结和归纳，给予了本书在研究问题、研究内容和研究方法上的启示，决定采用以研究问题为导向，多种研究方法相结合的混合研究方法设计方案，以动态过程化的视角来研究领导者构建社会网络机理这样一个触及领导者社会网络形成过程和动态演化的理论研究问题。本书关注领导者个人特质、组织情境与网络结构演变的影响，并将领导者的主观能动性纳入考量范畴，关注领导者社会网络构建策略的内容、影响因素和影响效应，以此来解构领导者构建社会网络的机理。

2.2 理论基础

2.2.1 资源依赖理论

组织赖以生存和发展的基础是资源，组织通过掌控资源可以获得竞争优势（Barney，1986）。但组织并不能对所需资源实现自给自足，因此，作为一个开放的系统，组织需要与外部环境发生物质、人员、信息等资源的交换，进而保证企业目标的达成。资源依赖理论通常将组织与外部资源的交换视为一种依赖关系，认为一个组织最重要的存活目标，就是想办法降低对外部关键资源组织的供应程度，并且寻求一个可以稳定掌握影响组织关键资源供应的方法（Pfeffer and Salancik，1978）。

资源依赖理论萌芽于20世纪40年代，在70年代以后被广泛应用于组织关系的研究中。它与新制度主义理论、组织生态理论并列为组织研究中三个最重要的流派。资源依赖理论以社会交换理论和开放系统为理论基础，重点关注了组织与环境的关系，即外部环境如何限制了组织的发展以及组织如何对这些限制进行反应。它提出了四个重要假设：组织最重要的是生存；为了生存，组织需要资源，而组织自己通常不能生产这些资源；组织必须与它所依赖的环境中的因素互动，如其他组织；组织生存建立在一个控制它与其他组织关系的能力基础之上。此外，资源依赖理论也考虑组织内部因素，涉及组织内部的权力来源问题。资源依赖理论认为能够提供资源的组织成员显然比其他成员更加重要，强调权力与资源的密切相关性，即组织内部个体的权力源于对资源的掌控（Pfeffer and Salancik，1978）。资源依赖理论的核心观点是组织需要通过获取环境中的资源来维持生存，没有组织是自给的，都要与环境进行交换。一个组织最重要的存活目标，就是想办法降低对外部关键资源供应组织的依赖程度，并且寻求一个可以稳定掌握影响组织关键资源供应的方法。组织与周围环境处于相互依存中，除了服从环境之外，组织可以通过其他选择，调整对环境的依赖程度。

通常认为可以通过转变组织的边界，利用组织之间的关联作为沟通协调的方式，来降低不确定性，加强信息的沟通，建立组织合法性，进而获取组织资源和降低对外界依赖程度。与此对应的具体策略有并购、合资经营、策略联盟、连锁董事等（Pfeffer and Salancik，1978）。虽然这些策略方法已经在后续的研究中被证明是行之有效的，但是上述的一系列方法存在一定的适用范围和不足。一方面，上述策略是通过组织层面的策略来获取资源，针对的对象是有规模的组织，对于大多数的民营企业，通过改变组织边界的策略方法会受到自身规模和实力的影响；另一方面，组织边界的改变通常会引起组织所有权的变更，进而影响组织的经营策略和发展（Davis and Cobb，2010）。实际上很多中小企业的资源获取，并不是依赖于组织与组织之间的联系，而是通过领导者的个人社会网络来实现的（Westphal et al，2006）。作为一种新的资源获取方式，领导者的社会网络可能对组织有重要的意义，同时对于降低资源依赖策略方式的探寻也是资源依赖理论未来发展的一个重要方向（Davis and Cobb，2010）。

资源依赖理论对领导者社会网络研究的最大启示有两点：一是它阐明了领导者构建社会网络的动因，即领导者（尤其是中小企业的一把手）构建社会网络可以实现组织资源的获取和降低组织对外环境的依赖程度；二是在领导者通过社会网络构建来帮助组织获取资源的同时，涉及对自身权力的影响。资源依赖理论不但强调组织权力，把组织视为一个政治行动者，认为组织的策略无不与组织试图获取资源，试图控制其他组织的权力行为有关。同时，Dfeffer 和 Salancik（1978）也分析了组织内部的权力问题，认为能够提供资源的组织成员显然比其他成员更加重要，会拥有更高的权力。如图2-2所示，组织与环境互动的过程中，领导者不仅参与其中而且扮演着重要的角色。无论是组织采用传统的改变组织边界的方式还是通过领导者的社会网络构建，都需要通过领导者的决策和执行推进。因此，尽管资源理论主要强调的是组织资源获取会对领导者权力产生影响，而实际上由于领导者从外部环境获取资源也会对组织产生影响，这种影响反过来又会影响领导者的权力，进而影响领导者对组织资源的支配，从而形成了一个领导者与组织资源、权力影响的相互作用闭合机制，并对领导者社会网络的效用研究和领导者社会网络对领导权力的影响研究提供了理论支撑。

2.2.2 社会交换理论

如果说资源依赖理论阐述了领导者构建社会网络的动因，那么社会交互理论就论述了领导者构建社会网络的机理基础，以及为从社会人际关系互动角度解读领导者权力提供了理论支撑。

社会交换理论作为社会心理学的核心理论之一，对管理学后续的诸多理论产生了深远的影响，是很多理论的元理论。社会交换理论认为人际互动的内在属性

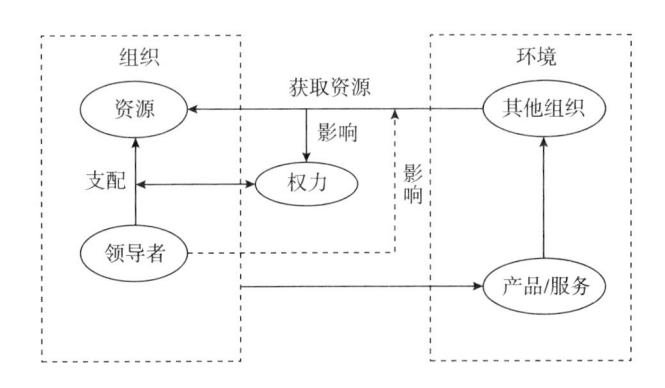

图 2-2 基于资源依赖理论框架下领导者—组织资源—权力的影响作用机理

是社会交换，它是个体之间关系与群体之间关系、权力分化与伙伴群体关系、对抗力量之间的冲突与合作，社区成员间的间接联系与亲密依恋关系的基础。社会交换理论为透彻理解人们的社会交往过程和人际关系的构建与维持提供了重要的理论视角。Blaue（1964）认为社会的微观结构源于个体由于期待社会报酬而发生的交换，个体间之所以相互交往是因为他们都从交往互动中得到了某些东西。在具体的交换形式上，主要有两种报酬类型：第一种是内在报酬，即从社会交换关系本身中取得的报酬，如感激、爱、社会赞同等；第二种是外在报酬，即在社会交往关系之外取得的报酬，如商品、金钱等。在大多数社会交往过程中，两种报酬方式会交互存在。布劳（1988）认为社会报酬诱使人们产生社会吸引，其实质是一方对另一方的依赖性，它是社会交往的一种诱导力量，于是形成了人们交际的动机，而交际动机出现和持续时间以及强度取决于人们对彼此依赖性的认知和把握。除了社会报酬的性质，交换发展时期与交换伙伴之间的关系特点、交换对象的个性特质和社会交换的背景也会对人们的交际和互动产生显著的影响。比如交往过程中个体的社会背景、权力和性格差异等。

社会交换具有普遍性、社会性和平衡性的特征。其中社会交换的普遍性指社会交换普遍地存在于人际交往中，不仅局限于市场关系，而且在友谊、爱情、亲情中也存在社会交换；同时，社会交换的发生是基于人的自愿行为，这些人的动力是由于他们期望从他人那里得到回报。社会交换的社会性除了强调交换活动的自愿性以外，还会带来未作具体规定的义务，如个人的责任和感激，如果社会交换能够延续，并产生周期性，那么个体之间将产生信任（彼得·布劳，1988）；既然人际交往被作为交换行为，它必然趋向交往者彼此都需要满足的平衡。布劳（1988）指出，个体和群体至少在收入与支出之间维持某种平衡感，并且在社会交易互动中不要欠债,一旦人际互动中的双方或者其中一方感到自己付出的过多,却得不到满足,交换就会停止,人际关系就可能断裂。

上述社会交换理论的观点对领导者社会网络构建机理和社会网络的维持有重要的理论支撑作用。基于社会交换理论的理解,领导者构建新的社会网络的过程本质上就是领导者找到了之前尚未有人际交往的个体,同时与新网络中的个体发生了社会交换,在交换中可以满足双方的某种需求并达成了某种主观的平衡,进而建立起了人际关系,领导者社会网络的维持问题的本质是领导者与网络中个体社会交换的平衡。

社会交换理论对领导者社会网络研究的另一个重要启示在于其对领导者权力来源的相关解构。社会交换理论认为尽管参与社会交换的互动双方均以自身利益为出发点,谋求基本的交换平衡是双方人际关系得以维系的必要条件。但是,由于参与社会交换的主体在资源所有方面并不总是完全对等,因此关系失衡是普遍存在的,而当双方依然渴求保持人际关系时,就需要存在一种事物来补偿这种失衡。布劳(1988)认为是权力弥补了这种不平衡,使双方的收益达到一种妥协。服从对方权力是交换中另一方弥补自身交换资源不足的额外砝码。反过来看,当一方拥有对方渴求的资源,并且具有一定的不可替代性时,就可能对对方产生权力。

布劳从社会交换和人际互动的视角来解构权力来源的观点,开启了后续学者对权力研究的探讨,其中最为出名的是埃莫森,他主张社会交换的研究单位应当是交换过程中形成的人与人之间的关系,而非社会交换本身,并将交换理论与网络分析相结合,这成为社会交换理论研究的一个里程碑(乐国安和汪新建,2011)。有别于早期交换理论对社会交换过程中行动者为何要加入社会关系的关注,埃莫森转向了对现存交换关系与未来可能在这一交换过程中发生什么进行考察,他强调社会交换过程中个体间的互动和关系,而不是个体的行动;指出资源有效性、权力和依赖是关系的首要动力(Emerson,1962),这使研究者可以去探究为什么会形成这样的关系,而不是一味地寻求这是怎样的一种关系。埃莫森的研究对领导者社会网络的研究具有更加直接的指导意义,本质上他的研究已经采用网络分析方法来探讨社会网络中权力的产生机理了,即行动者的互相依赖是互动结构和相互权力的主要决定因素(Molm,1988),当行动一方对另一方有更多的依赖时,权力就产生了,这种依赖的载体可以是资源、信息、情感及财物等。

基于这样的理解,可知领导者在社会网络中的权力与其在社会网络中所具有的资源相关，当领导者具有其他个体渴求的资源，而其他个体又不能从其他渠道获得这种资源时，下属就会对领导者产生更强的依赖，领导者就会拥有权力。而社会网络的相关研究又表明领导者在社会网络中的结构位置与资源、信息的掌控密切相关（Burt，1992），因此领导者在社会网络中的结构位置可以影响权力（Brass and Burkhardt，1993）。

综上所述，社会交换理论为领导者社会网络研究尤其是领导者社会网络构建机理和领导者社会网络中的权力研究提供了理论支撑。

2.2.3 社会网络理论

社会网络理论将社会互动中的行动者和社会关系概念化为点和线，并借助图论的相关研究来描述和分析社会关系，将社会中的互动个体和彼此之间的关系抽象为社会网络。正因如此，社会网络通常被定义为行动者与关系的集合，图 2-3 为社会网络结构的示意图，选中的研究分析对象通常被称为自我，相对应的其他点被称为他人，图中节点之间的连线代表了互动对象之间的关系。

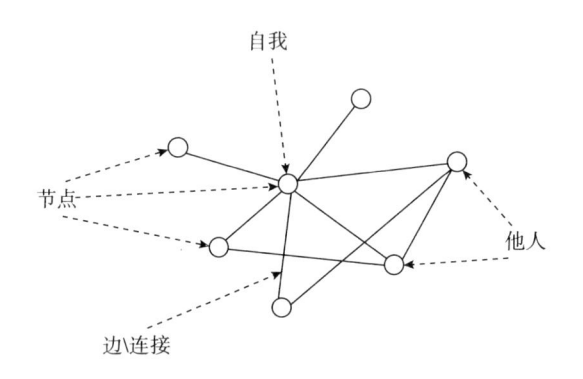

图 2-3 社会网络结构

社会网络理论将个体放置于广阔的社会关系背景下，强调人行为的社会嵌入性。历经长达 70 年的理论发展，社会网络研究从最开始的社群论与图论研究起步，到 20 世纪 70 年代逐步走向成熟，"社会网络""结构洞""密度""中心度"等概念逐渐步入学术殿堂，一直到最后采用形式化方法表征社会网络研究中的各种概念，网络分析范式正式形成。

纵观社会网络理论发展的历史，社会网络的研究可以分为两个派别（Borgatti and Foster，2003）：一派是结构主义学派（Coleman，1988；Burt，1992），强调

2 文献综述与理论基础

个体网络的结构特征而不是网络内容,以 Goleman(1988)和 Burt(1992)为代表;另一派是关系主义学派(Lin,2002),主要关注各种联系中的资源流,以 Lin(2002)为代表。Gabbay 和 Leenders(2001)对社会网络理论两个学派的主要关注内容进行了总结,如图 2-4 所示。

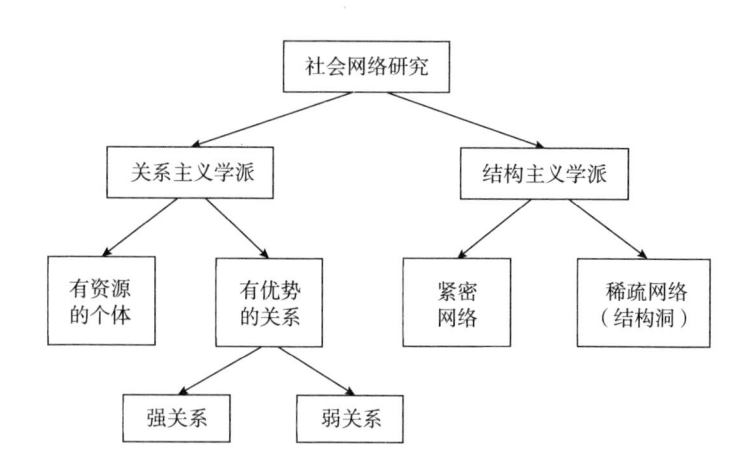

图 2-4　Gabbay 和 Leenders（2001）对社会网络研究的总结

具体地,结构主义学派响应了社会网络理论的鼻祖——德国社会学家齐美尔强调从群体的视角来研究个体行为的号召(齐美尔和荣远,2002),着重关注社会形式与社会内容之间的关系,齐美尔极具结构主义色彩的思想构成了结构主义学派的核心思想。其中怀特的研究继承了齐美尔的研究思路,把社会网络结构视为一个客观存在,从结构、网络视角去解释行为和关系,研究结构对行为的影响(张华,2010)。他的学生 Granovetter(1973)开创性地提出弱关系的强度和内嵌性的概念,从社会关系、社会网络的角度来看待人的经济行为,强调社会网络结构对于人的制约作用,从而使社会网络理论的研究问题得以具体化,进而极大地推动了理论的进展,促成了社会网络学派的兴起。

结构主义最具代表性的两位学者 Coleman(1988)和 Burt(1992),他们并没有简单地延续齐美尔的结构决定行为的结构主义思路,而是基于个体理性选择的功利主义出发来关注由网络结构化效应带来的网络功利性特征,并将个体纳入分析的视角中。其中,Coleman(1988)从理性选择的角度出发,认为人们可以利用社会网络来获得社会资源以及社会地位。强关系,闭合的网络保证了相互信任、规范和惩罚的建立和维持,这些可以保证成员动员网络资源,并由此提出了社会资本的概念，对社会网络的研究产生了深远的影响。Burt（1992）虽然秉承了 Goleman 的功利主义视角，但指出弱关系的优势不在于关系强度之弱，而在于"桥"，即没有重复的信息源才是最重要的社会资本。并提出了"结构洞"的概念，所谓结构洞就是没有重复的信息源，一个人所占有的不重复的网络越多，其潜在的收益就越大（张华，2010）。结构主义学派从社会网络结构特征出发，关注结构化效应对网络中个体和网络效用的研究，从网络结构形式和特征的视角为领导者社会网络的研究提供了理论基础。

与结构主义学派强调个体网络的结构特征不同，关系主义学派主要关注各种联系中的资源流。其中最具代表性的学者就是 Lin（2002），他认为那些嵌入个人社会网络中的社会资源——权力、财富和声望，并不为个人所直接占有，而是通过个人直接或间接的社会关系来获取的。他基于社会网络内容本身出发，提出个体社会网络的异质性、网络成员的社会地位、个体与网络成员的关系力量决定着个体所拥有的社会资源的数量和质量。

Kilduff 和 Brass（2010）总结认为社会网络理论的研究焦点和核心内容集中在四个方面，即关系的重要性、行动者的嵌入性、关系连接的社会效用和社会生活的结构化形式。Burt 和 Kilduff（2013）社会网络理论进行回顾和展望时指出，社会网络的未来应当更多地结合社会心理学的视角，个体特征与网络结构的相互影响将越发得到关注，社会网络理论的发展已经越发透露出"后结构主义"的意味。

社会网络理论是领导者社会网络研究最核心的理论基础，它分别从社会网络的嵌入性资源（社会资本）和结构化效应两个角度为领导者社会网络效用和领导者与社会网络之间的相互影响作用提供了理论启示和支撑。与资源依赖理论和社会交换理论一样，社会网络理论也涉及对权力的解读。基于社会交换理论中的关系—依赖对权力来源的启示，社会网络理论从网络结构形式视角指出个体所在的网络结构位置可以影响个体所用的权力，进而为领导者社会网络中有关领导者权力的研究提供了理论支撑。

具体来看，社会网络理论的两个核心因素：社会资本和结构化效应。我们说社会网络会为嵌入其中的个体带来机会与约束，而社会资本就是社会网络机会的一方面，即社会资本是社会网络带来的结果（Gabbay and Leenders，2001），是嵌入在网络中的资源。领导者社会资本就是指领导者社会网络中嵌入的、可供领导者运用的资源，它不仅可能通过多种途径影响领导者的权力，还有可能对组织产生影响效用（张晓军，2013）。而反过来领导者实际上就是通过构建和管理自身

2 文献综述与理论基础

特定的社会网络来体现自身的价值,这就是领导者发挥领导作用的重要方面,也是从社会资本视角来进行领导研究的核心之一。此外,社会网络理论的结构化效用主要指由社会网络的规模、关系的强弱、领导者所在的网络位置等网络结构特征因素给领导者和组织所带来的资源、信息、知识获取的便利性优势。同时领导者本人的个体因素,如年龄、性别、特质、智商、社会地位、领导风格、策略行为等也会反过来影响社会网络的特征和演变。结合前文的内容,总结出基于社会网络理论的领导者社会网络研究机理,如图2-5所示,其中图中组织对领导者社会网络的研究虽尚未涉及,但是基于组织情境因素对领导者的影响作用(Meyer and Rowan,1977),以及领导者在构建社会网络时具有的主观能动性和面向任务的匹配性要求(Vissa,2011),组织的情境因素也应当会对领导者社会网络的构建和演变产生影响。

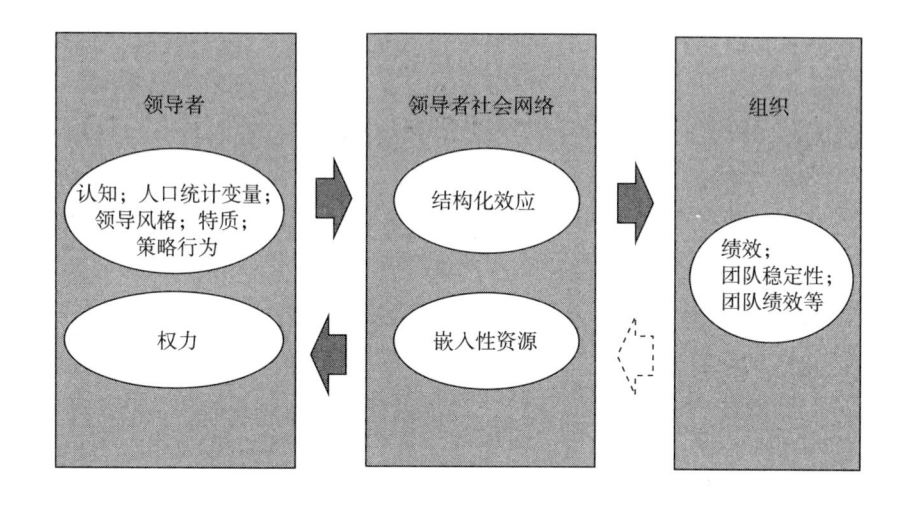

图 2-5 基于社会网络理论的领导者社会网络研究机理

2.2.4 自我监控和自我效能理论

人类的行为表现和策略选择会受到个体特质和所处环境的情景因素的影响(Bandura,1986)。其中尤其以个体特质得到了学术界的大量关注,相应的研究表明个体特质不但可以影响领导者的行为、决策和领导过程,还对领导的有效性和领导力的呈现有显著的影响(Chan and Drasgow,2001;Zaccaro,2012;Dinh and Lord,2012)。在领导者社会网络研究的回顾中,发现领导者的多种个体特质对社会网络的构建、演化、网络特征有显著的影响效应,如表2-1所示。在这些个体特质中有两个理论得到了较多的关注且较具代表性,即自我监控理论和自我效能理论。

2.2.4.1 自我监控理论

自我监控又称自我管理或者自律性管理,是一种相对稳定的人格特质,从属于个体的自我意识范畴。它反映个体在社会交往中表现出来的对环境线索及自我行为关注的心理倾向和对自我表现的调整能力(Snyder,1974)。个体的自我监控水平存在个体差异,每个人都依据自我监控水平的不同而展现出不同的行为特点。高自我监控者依据情境线索进行行为调控的能力较强;低自我监控者则更倾向于以自身的一贯态度和行为行事,行为的调节能力较弱。因此,尽管自我监控性并无好坏之分,但在现实生活中,高自我监控者很可能比低自我监控者具有更强的社会适应性。

高自我监控者就像变色龙一样,自我呈现随情境而变化;而低自我监控者被认为表现出相反的社会倾向,他们试图以自己的真实感受来与人交往(Snyder and Gangestad,1986)。典型的高自我监控者出于关心其社会行为的情境和人际适宜性,对社会情境中相关他人的表情和自我呈现特别敏感。相应地,典型的低自我监控个体对情境适宜性和自我呈现等社会信息不敏感,与高自我监控者相比,低自我监控者的自我呈现和表情行为从功能上来讲,受其内在情感状态和态度控制,而不是改变它们用来适应特定情境(Snyder,1979)。

自我监控概念提出之后得到了广泛的关注,概念结构和测量方法也不断演进,具体总结如表2-2所示。Snyder(1974)较早提出自我监控概念,其认为高自我监控者主要有3个特征:关注社会适宜性、在社会情境中对他人表情和自我呈现的敏感,并开发出了一个25题项的测量量表。尽管具有多个题项和3个关注特征,但Snyder认为它们之间并不是独立的,并将自我监控认定为单维结构概念。随后的研究在自我监控量表的内涵结构和效标关联效度上出现了争论,之后越来越多的学者通过因子分析发现自我监控的概念可能是多维度的。Lennox和Wolfe(1984)认为修正自我呈现的能力和对他人表情行为的敏感两个维度就可以概括自我监控的构念,并以此重新编写了一个13项的量表。随后Gangestad和Snyder(2000)为了提升原有量表的可靠度,对之前的量表进行了精简,开发出了著名的18题项量表,并承认自我监控是一个包含表演、外向和他人导向涵盖的多维度因素的结构变量。

表 2-2 自我监控构念和测量量表统计汇总

量表	题项	开发时间	维度数目	接受程度
Snyder	25	1974 年	1 维度	高
Lennox 和 Wolfe	13	1984 年	2 维度	较高
Gangestad 和 Snyder	18	1986 年	3 维度	高
Li 和 Zhang	23	1998 年	2 维度	低
肖崇好	24	2005 年	3 维度	低

除此之外，Li 和 Zhang（1998）基于华人文化提出了本土化的 23 题项 2 维度的自我监控量表，他们认为人们在自我呈现程度上存在的差异，反映在监控自我呈现的能力和倾向两个方面，并由此把人分为四类。其中，高自我监控者是自我呈现能力和自我呈现倾向都强的人；低自我监控者是自我呈现能力和自我呈现倾向都低的人。但该量表与艾森克人格量表的子量表同样存在不同的相关，而且预测效度不高，在理论上也没有说明为什么中国人的自我监控应该包括自我呈现能力和倾向两个方面。

肖崇好（2005）基于自己对自我监控概念的理解，重新制定了一个 3 维度的 24 题项量表。国内两位学者虽然在概念本土化上进行了大胆的有益尝试，但是相应的研究尚未得到学术界的广泛认同。

在有关自我监控的影响效用上，经过多年的发展，已有大量的研究表明个体的自我监控水平对领导力呈现（Zaccaro et al.，1991）、员工流失率（Kilduff and Day，1994）、个体的态度和行为（Kilduff and Day，2000）、组织团队绩效（Mehra et al.，2001）和领导者社会网络有显著的影响。事实上，由于自我监控理论从概念提出伊始就一直强调其在社会交往过程中的自我呈现和人际适应性，而社会网络的本质就是行动者以及彼此之间的关系。因此在领导者社会网络的研究中，领导者的自我监控水平必然会影响他的社会网络构建选择，进而影响其社会网络的规模（Daly et al.，2014）、关系的强度（Kalish and Robins，2006；Shaw et al.，2009）、网络中的位置（Oh and Kilduff，2008；Sasovova et al.，2010）及社会网络的动态演进。其中，Kilduff 和 Day（1994）、Kilduff 和 Krackhardt（1994）、Mehra 等（2001）的研究对领导者社会网络的形成和有关领导者特质对社会网络的影响的探寻最具启发性。由于自我监控水平较高的领导者在社会交往过程中会更注重情境因素和任务导向，可以依据具体情况来进行自我调适，改变自己的行为策略，因此相较于自我监控较低水平的领导者而言，将更有机会走向社会网络的中心，占据有利的结构位置，并可能会因此而受益。此外，自我监控水平较低的领导者在人际交往过程中往往以自己的价值观念和原则为行为导向，倾向选择那些与自己特征类似的人进行交往，这会导致自我监控水平较低的领导者的社会网络中成员的相似性会较强。而由于高自我监控水平的领导者的环境适应性很强，他们既可以与自己相似的人成为伙伴，也可以顺利地进入那些与自己个性特征不同的社会网络当中去结识新的朋友，因此相对而言其社会网络的多样性要更好，同时也相对更容易构建起新的社会网络。

综上可知，领导者的自我监控水平是影响领导者构建社会网络的重要因素之一。不同的领导者由于其自我监控水平的差异可能表现出不同的网络构建策略行为。

2.2.4.2 自我效能理论

自我效能理论是 Bandura（1986）基于行为、个体因素和环境三元交互决定理论在《人类动因的自我效能机制》中首次提出的。他将自我效能视为个人对自己获得成功所需行为能力的预期，并认为这种预期是认知与行为的中介，是个体行为的决定因素。20 世纪 80 年代后期，他又提出自我效能就是对行为操作能力的知觉及有关恪守自我生成能力的信念，并将个体对要达到指定操作目的的行动过程能力判断，称为知觉到的自我效能，这种被感知到的自我效能结果即为自我效能感。

Gist（1987）认为自我效能感是个体对自己的能力进行衡量与评价的结果，而这种结果又会调节人们对行为的选择、投入努力的大小，并且决定其在特定任务中所表现出的能力，因此，自我效能感是一个动态的概念，并随着新信息的获得而发生变化。自我效能理论认为行为的启动和行为过程的维持，主要取决于行为者对自己相关行为技能的预期和信念。高自我效能感将产生出为争取成功付出的努力，成功的结果将会进一步强化自我成功的期望；反之，低自我效能感可能造成提前停止努力，导致失败的结果，并由此削弱对自己胜任力的期望（Gist and Mitchell，1992）。有四种途径可以对个体的自我效能感产生影响：一是个体对自我活动的成就水平感知即以往的成败经验；二是他人的示范效应，即与自己特征和情况相似的个体通过一定的方式获得了成功就会使观察到这一现象的个体也获得自信；三是接受他人认为自己具有完成某一项任务能力的言语鼓励，从而获得完成该项任务的信心；四是个体面对某项活动时生理和情绪上的感觉。因此，处于不同发展阶段的个体，由于面对的生活任务和自我信息感、信息来源、性质、结构上的不同，人们的自我效能感会有差异（乐国安和汪新建，2011），这种差异主要体现为自我效能感的水平、强度和延展性上（周文霞和郭桂萍，2006）。

在有关自我效能感理论的研究中，依据对概念外延范围的不同理解，即是否认为自我效能存在延展性（在某个领域内的自我效能感的水平，是否或者会在多大程度上影响到其他相近或不同领域中的自我效能感），自我效能又可分为两个流派。其中以班杜拉为代表的学派认为自我效能感反映的是个体在从事特定水平的特定任务时的能力信念，由于不同活动领域之间的差异性，所需要的能力、技能也千差万别。一个人在不同的领域中，其自我效能感是不同的。任何时候讨论自我效能感，都应当是与特定任务相关联的。另一学派将自我效能感视为一种特质，提出了一般性自我效能感是个体特有的、稳定的认知，可以反映为个体在不同的成就情境中对自己是否具有成功完成工作要求能力的期望（Gist，1989），是个体应对各种不同环境挑战或面对新事物时的一种总体性自信心（Schwarzer et al.，1997）。一般自我效能感较高的个体更可能在不同的情境中成功。

领导者的自我效能感会对领导者社会网络产生影响。作为一个可以直接影响个体执行特定活动心理过程中的构念，自我效能构成了决定人类行为的一种近因，对个体的行为选择、动机性努力、认知过程和情感产生等多个方面产生影响（Wood and Bandura，1989；周文霞和郭桂萍，2006；乐国安和汪新建，2011）。而在有关领导者社会网络的相关研究中已经发现，领导者的自我效能感水平可以对领导者社会网络的多个因素产生影响。其中，领导者的自我效能水平与领导者所在的网络中心性和网络规模相关，那些自我效能较高的领导者更倾向于占据网络的中心位置（Penuel et al.，2009；Foti and Hauenstein，2007），同时相对自我效能感水平较低的领导者，他们会拥有更大的社会网络规模（Daly et al.，2014）。

领导者的自我效能水平可以影响社会网络的构建（Uzzi and Dunlap，2005；Ibarra and Hunter，2007）。人们在一定程度上会受到环境的影响，同时，人们也会通过自我效能感选择某些特定的活动和环境，并对所处的环境加以改造。依据自我效能的内涵，在面对环境选择时，人们会尽量回避进入那些自认为超出自身能力的环境，而去选择自感可以应付的环境或活动（Wood and Bandura，1989）。这样的一种趋向必然会引起具有不同自我效能水平的领导者在社会网络构建策略选择上的差异。自我效能水平较高的领导者对进入和适应新环境抱有信心，并认为自己能够应对新环境带来的挑战，因此在构建社会网络时可能表现得更加活跃和积极主动；而自我效能感较低的领导者可能在面对新环境时表现出回避和担忧的态度，因此可能会在构建社会网络上采取相对被动的策略，或者选择进入那些自己更熟悉和舒适的环境。领导者构建社会网络其本质上就是开拓和改变领导者所面对的环境，因此领导者自我效能感水平会对领导者的网络构建策略产生影响。

2.3 本章小结

通过对已有研究的回顾，可知社会网络中蕴含的社会资本和结构化效应对组织的资源和信息获取、创造力及任务绩效等有积极的影响效用；领导者社会网络与领导之间存在相互影响，是领导者社会网络研究中需要进一步理论探究的重点。具体地，领导者社会网络的效用研究主要涵盖两个方面，即领导者社会网络对组织的影响效用研究和对领导者个人的影响研究。其中，领导者社会网络对组织的效用价值主要源于社会网络具有的嵌入性资源和结构化效应，这两项机理的总结为后续研究提供了启示和研究理论支撑。

在领导者社会网络对领导者影响的回顾中不难发现，相关的研究主要集中在社会网络的各类特征（如领导者的网络位置）对领导者的权力、声誉、魅力等领导力的呈现上；而领导者对领导者社会网络的影响上涉及领导者认知、人口统计变量、领导者行为风格、领导者特质和领导者策略行为五个方面，其中以领导者特质的研究最为突出，构成了领导者对社会网络影响研究的主体。

综上可知，虽然已有研究表明领导者社会网络对组织具有重要的意义，但是由于领导者社会网络的研究刚刚兴起，有关对组织具体影响效应和作用结果的研究尚存在大量的空白区域，尤其已有研究均在西方文化和制度情景下，缺少对新兴经济市场的相关研究，领导者社会网络对于中国企业的效用尚不清晰。

对于领导者与领导者社会网络之间的相互影响研究也颇有局限，其中领导者对社会网络的影响研究则主要集中在领导者特质对领导者网络位置的影响；而领导者社会网络对领导的影响研究则主要集中在领导力的呈现方面。整体研究主要基于静态网络视角，关注已经形成的社会网络中领导者固有的变量如人口统计变量和个体特质与社会网络结构特征之间的影响作用。这样的研究存在明显的不足：一方面是对领导者社会网络的动态化过程关注不足，有关领导者社会网络的形成机制尚不明晰，因此对领导者社会网络的研究中应引入动态化视角，着重关注领导者在构建网络的过程中的作用，即领导者如何构建，以及怎样进行网络策略选择；另一方面是有关领导者与社会网络的影响研究忽略了领导者的主观能动性，相应的研究不应仅关注领导者固有的人口统计变量和个体特质，还应该考虑到领导者主观的策略选择对社会网络构建和组织的影响。同时，这种有意识的自主策略行为还可能通过对社会网络的影响作用对领导个人产生影响。

除此之外，关于组织情境如何影响领导者社会网络的研究则尚不清晰，属于理论研究的空白区。但是若考虑到领导者的主观能动性，将领导者的策略选择纳入到研究范畴，则可以预见组织的情境因素势必会对领导者构建社会网络的策略选择产生影响，进而反过来对领导者社会网络产生作用。

此外，领导者社会网络的研究涉及多个理论，其中资源依赖理论阐释了领导者构建社会网络的动机和外部资源获取与组织内部领导者权力形成之间的关系；社会交换理论从微观上提供了领导者构建社会网络的理论基础，并从社会交换中行动者掌控资源的不均衡性和关系依赖的角度阐释了人际互动中权力的来源；社会网络理论为领导者社会网络中资源、信息、知识的转移提供了理论支撑，并从网络结构化形式角度出发论述了网络结构特征与领导者权力的关系；自我效能和自我监控理论从社会心理学的理论视角出发为领导者对社会网络的影响研究和构建社会网络时领导者社会网络构建策略的选择提供了理论支持。

3 研究方法与研究设计

本章首先对混合研究方法设计的定义、分类和设计准则进行了归纳总结；其次阐述了本书的研究设计逻辑，其中分别介绍了书中涉及的研究方法、研究过程及数据的收集过程和分析方法。

3.1 研究方法的选择

3.1.1 定量研究方法与定性研究方法

如果将管理学的研究方法进行二分，通常可以划分为定量研究和定性研究两种。其中定量研究是指采用统计、数学或计算技术等方法来对社会现象进行系统性的经验考察。这种研究的目标是发展及运用与社会现象有关的数学模型、理论或假设。定量研究中最重要的过程是测量的过程，因为这个过程根本上联结了现象的"经验观察"与"数学表示"。量化数据包括以统计或百分比等数字形式呈现的各种资料；定性研究是一种在社会科学领域经常使用的研究方法，通常相对定量研究而言。定性研究实际上并不是一种方法，而是许多不同研究方法的统称，由于它们都不属于量化研究，被归成同一类探讨。其中包含但不限于案例研究、扎根理论、民族志研究、论述分析、访谈研究等。定性研究者的目的是更深入地了解人类行为及其理由。相对于定量研究，定性研究专注于更小但更集中的样本，产生关于特定研究个案的资讯或知识。两种研究方法在逻辑过程、研究者价值取向、情境因素是否有涉、理论化模式、研究目标、数据收集方式、数据分析方法、研究特征上存在不同，结合前人研究（Cavana et al. , 2001；戴维·德沃斯，2008；劳伦斯·纽曼，2012；艾尔·巴比，2012；陈晓萍等，2012），对两种研究方法的特点和差异进行归纳总结，如表3-1所示。

表3-1 管理学中定量与定性研究的对比

属性类别	定量研究	定性研究
情境因素	情境相对无涉	情境有涉
研究者/价值取向	研究者保持中立/价值中立	研究者参与其中/价值有涉
逻辑过程	演绎推理	归纳推理
理论模式	理论检验	理论建构
主要目标	确立变量相互关系和因果关系	理解社会经济现象
数据分析方法	统计分析	文字描述/主题分析
代表研究方法	实验、调查研究	案例研究/扎根理论/内容分析
资料收集技术	量表、问卷、结构式观察	参与观察、访问等
研究特征	客观	主观
情境因素	情境相对无涉	情境有涉

资料来源：笔者在综合戴维·德沃斯（2008）、Cavana等（2001）、劳伦斯·纽曼（2012）、艾尔·巴比（2012）、陈晓萍等（2012）的基础上总结得出。

从主流的学术期刊统计来看，使用两种研究方法发表的论文比例有明显的差别。Gardner等（2010）在对 The Leadership Quarterly 近二十年的发表期刊进行研究方法的回归总结，发现定量研究的比例达到55%，如果刨去期间包含的大量理论性文章，利用质性数据进行分析的质性研究文章所在比例会更小；Lowe和Gardner（2001）在对1990~1999年发表在 The Leadership Quarterly 上的论文统计分析表明，近64%的论文采用量化研究，13%的论文采用量化研究和质性相结合的方法，仅有23%采用质性研究的方法。同期对国内权威的管理学期刊进行回顾，发现在领导研究中定量研究占到了67%，定性研究占20%，其余为定性与定量的结合。综上可知，虽然质性研究在领导研究中已占有一席之地，但当前主流的领导理论研究主要采用量化研究（Bryman，2004）。这种研究方法的单一化限制了学者对"理论"的理解，阻碍了领导理论的发展，描述性研究的缺乏使名目繁杂的领导理论意义十分有限。近年来，学术界也开始对量化研究方法存在的"片段化特征"明显，"情境无涉"以及所谓"科学外衣"的合法性进行了反思（韩巍，2011），质性研究的文章数量占各大主流期刊的比例正在逐渐增加。

事实上，定量与定性研究虽然各有优势和特征，但是在实际研究过程中，往往是彼此互补的，一个完整的研究过程包括归纳和演绎逻辑的不断互动和轮回循环。两种研究类型共享基本的科学原则，同为研究目的服务，并不应该因为具有差异就将两者视为对立的两种研究方法，它们本质上更像是物理学中光所具有波粒二项性。

3.1.2 混合型研究方法

早些年，便有学者和顶级学术期刊的主编开始号召大家综合使用多种研究方法来进行研究设计，鼓励多种研究方法的使用，以便更好地理解研究问题，提升研究质量（Gardner et al.，2010；Mumford，2011）。部分学者号召大家以多元视角、多重研究方法（Stephen and Ken，2011）、结合纵向历史数据（Ronald and Michael，2011）来重新系统解读领导实践（Eric，2009）。也有学者认为最好的研究常是结合定性与定量研究类型特点的作品，他们在对使用混合研究方法进行统计分析时，发现尽管在管理和领导研究中采用多种研究方法的研究案例并不普遍，但是利用多种研究方法的研究通常在该领域具有较高的影响（Molina-Azorin，2011）。

这种对多种研究方法的号召和推崇主要有以下两个原因：第一，管理中动态性、过程化、复杂性的研究问题要求多种方法的使用。以领导为例，领导的本质是一个复杂的、多维度的社会建构过程，给研究带来了巨大的挑战，而利用多种理论和多样的研究设计方法可以帮助我们更好地理解和研究领导的研究议题（Gardner et al，2010）。因为有关领导的研究涉及人类各种活动和思维，要想真正了解复杂的现象，一个多样宽广的研究设计是必要的（Wren，2013）。Bass B M 和 Bass R（2009）也认为研究者面对领导这一复杂的议题时，应当扩展研究方法，将客观主义与主观主义视角相结合。第二，综合使用多种研究方法具有独特的优势。使用多种研究方法可以整合收集和分析量性研究方法的数字数据和质性研究方法的文本数据，通过整合的多种研究方法设计可以弥补每种方法的不足，进而最大化每种方法的优势，增加研究的效度，同时也有利于捕捉情境因素，开展多层次的研究（Greene et al.，1989；Creswell et al.，2011；Creswell，2011）。

在混合研究方法的使用和研究上，Creswell 和 Clark（2007）是该领域的推崇者、实践者和专家。他们不仅专注于综合研究方法的推广，而且对该种研究方法进行了深入的研究，先后出版多部著作，并就综合研究方法的定义、优势、类型和研究设计的注意事项做了一系列的研究。事实上混合研究方法在社会学、教育学等社会科学领域已经得到了广泛的认同和使用。通常综合型研究方法是指研究者针对研究问题，综合的收集、分析包含定量和定性的两种资料，在同一研究中综合调配或混合定量和定性研究的技术、方法，其理论基础是实用主义。混合研究方法的使用通常可以帮助研究者更好地理解研究问题，并且获得更加丰富的研究数据，进而更有可能得到可靠而富有意义的结论。

在使用混合研究方法进行研究设计的时候有以下四个方面需要研究者关注：①定量研究与定性研究互动的程度；②两种方法的相对优先性；③时间；④两种方法综合的方式与节点（Creswell and Clark, 2011）。针对上述分析，结合Jane等（2012），混合研究方法可以分为六种类型，如表3-2所示。

表3-2　综合研究设计方法类型归纳

研究设计类型	时间	互嵌性	定性/定量比例	综合的节点	目的
收敛的并行设计	并行的	同一问题彼此独立	均等	研究结论	校验结论增加信度
解释型序贯设计	序贯的	两个阶段彼此关联递进的	量化优先主导	研究分析	深化量性研究结论增加内部效度
探索型序贯设计	序贯的	两个阶段彼此关联递进的	定性优先主导	研究分析	验证定性研究结论扩展外部效度
嵌入型设计	不确定	不同问题彼此独立	不确定	研究设计	完成多样性研究目标
变革型设计	并行的	同一问题彼此关联	不确定	研究设计研究分析研究结论	建立理论强化立场
多相设计	历时性的并行与序贯同时进行	系列相关问题彼此关联	不确定	研究设计研究分析研究结论	完成复杂历时性多目标的研究

基于以上分析可知，混合研究方法适合那些研究问题复杂，包含动态性特征的过程化研究。采用混合型研究方法可以帮研究者更好地理解研究问题、收集数据、综合分析，较单一研究方法得到更好的研究成果。本书的研究目的是要探寻领导者构建社会网络的机理，发掘领导者构建社会网络的策略方式，并对影响构

建策略的前因变量和社会网络构建策略的效应进行研究。其中，对领导者社会网络构建策略的研究属于探索性研究，需要关注研究对象的社会网络形成过程，而在对领导者构建策略的前因变量挖掘中又需要不断地与领导者及领导者周围的人进行访谈，收集有关公司和领导个人的各类文本资料，在对前因变量与构建策略的关系验证和社会网络策略效用的研究中还需要对量化数据进行分析处理，整个研究过程历时超过三年，访谈人数超过 20 人。研究过程中既涉及定性数据的收集分析，也有定量数据的收集和分析，对于像这样一个涉及人类各种活动和思维的复杂研究而言，一个多样宽广的研究设计是必要的（Wren，2013）。因此，基于研究问题的性质和研究的特征，本书选择混合研究方法是适宜的。

3.2 研究设计框架与研究过程

3.2.1 混合研究方法设计框架

管理作为一门问题导向的学科，研究问题的性质决定了研究设计的方向（陈晓萍等，2012）。研究方法的选取应当依照研究问题和研究方法的适配性来决定，对于一些探索性的研究问题，前人没有或者较少涉猎时，就需要用定性的方法从头做起。通常认为研究的问题类型是"怎么样"和"为什么"，研究对象是目前正在发生的事件，研究者对于当前正在发生的事件不能控制或极少能控制时，选取案例研究是较为适宜的（罗伯特，2004）。如果已经得到研究假设，关注的是变量关系之间具有因果联系或相关关系，那么就需要通过精心设计的实验或问卷研究加以检验。而对于那些非线性的涉及个体之间自主交互的动态性研究可以选择仿真实验方法。这些研究方法本身并不彼此排斥，各自适合应对不同特征的研究问题，因此可以纳入一个研究框架中，进行综合设计。

本书涉及以下三个研究问题：第一，领导者如何构建社会网络？（即领导者社会网络的构建策略研究）；第二，哪些因素影响了领导者构建社会网络策略的选择？（即影响领导者社会网络构建策略选择的前因变量研究）；第三，领导者社会网络策略有什么影响？（即领导者社会网络构建策略的影响效应研究），其中第一个研究问题是后续研究的基础，后续两个研究议题是第一个研究问题的深入和延续，三个问题彼此相关，解构了领导者构建社会网络的机理。

3 研究方法与研究设计

在实际研究过程中,首先针对研究问题进行了定性的探索性案例研究,发现了领导者构建社会网络的两种策略,并形成了关于领导者社会网络构建策略选择的前因变量研究和领导者社会网络构建策略的效应研究的部分研究命题,后续针对已经形成的研究命题和需要进一步研究且适用于特定研究方法的研究问题进行了定量研究,具体的研究过程如3.2.2小节所示。本书充分利用了混合研究方法在收据收集多样化和可彼此校验进而增加研究可靠性的优势。以研究问题二(领导者社会网络构建策略选择的前因变量研究)为例,首先通过案例研究中对质性研究资料包括来自多方的访谈文本、研究对象自传、网络媒体报道等进行分析,挖掘领导者构建社会网络策略的影响因素,在此基础上分析发现了影响因素与领导者社会网络构建策略选择偏好的相关命题。利用问卷调查的方式收集量化数据,对研究命题进行扩展验证。其中在对此类命题进行验证的过程中分别对领导者个人、与领导者密切相关伴随多年的下属和学生进行了数据收集,并对三类数据的分析结论进行对比和相互校验,进而来提升研究的可靠性。具体如图3-1所示。

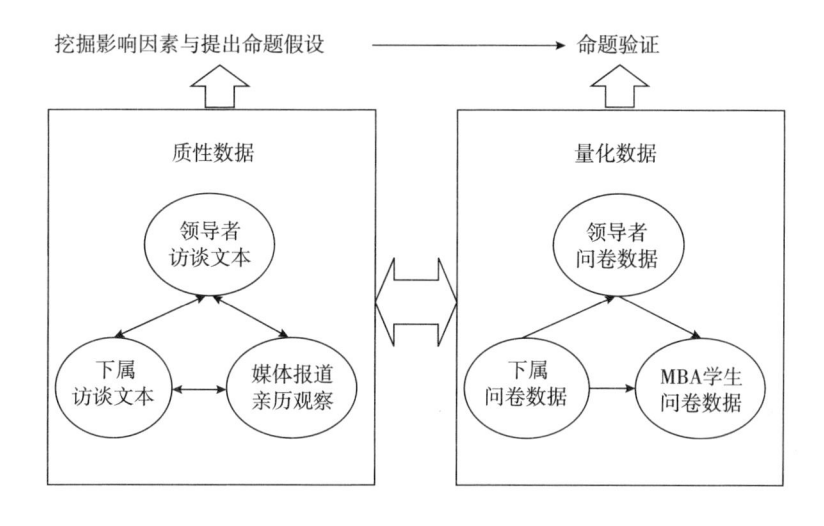

图 3-1 多元数据的相互验证

综上,基于本书所涉研究问题的特征、研究设计准则和研究的实际过程,本书采用了混合研究方法中的探索性序贯研究设计,具体如表3-3所示,每种研究方法的具体设计在本章后续小节详述。

表 3-3　本书的研究设计框架

研究问题	研究方法	混合研究方法类型
领导者构建社会网络动因和策略研究	案例研究	探索性序贯研究
领导者社会网络构建策略选择研究	案例研究+问卷调查	
领导者社会网络构建策略的影响效应研究	案例研究+仿真实验	

3.2.2　研究过程

本书的研究经历了一个从开放到收敛的过程，是一个循序渐进、逐渐深化的过程。本书的研究最先确定了以领导者作为研究主题，主题的确定既与管理理论的研究现状相关，也与管理实践的观察有关，它的确定来自笔者对管理理论和实践的双重感悟。在步骤一中，笔者对领导者研究的文献进行了初步梳理，对已有领导研究的研究方法和理论进行了归纳，明确了研究的宏观视角，对整体研究进行了初步的设计和案例的理论初始抽样。在这一过程中，尚未形成具体的研究问题。在步骤二中，笔者对研究对象进行开放式的访谈和扎根式的观察，收集与领导研究主题相关的一切可获取的资料。在步骤三中，通过对初始开放式资料的梳理和初步分析，笔者发现领导者社会网络对领导者个人和企业的发展起到了巨大的影响作用，而不同的研究对象在构建社会网络方面具有不同的方法和偏好，这一现象引起了笔者的兴趣，并开始在多个研究对象和初始数据中对此现象进行聚焦。在步骤四中，笔者试图将这种管理现象与已有管理理论进行对话，对管理实践的现象进行抽象化，形成了本书的第一个研究问题：领导者如何构建社会网络（即领导者社会网络的构建策略研究）。在进入图 3-1 第二个闭合研究过程前，笔者对前续研究过程进行了梳理。在步骤五中，笔者明确和深化了本书的研究问题（在对第一个研究闭环的总结梳理中，对第一个研究问题形成了初步的猜想，并进一步对研究问题进行了深化，提出了本书的另外两个研究问题），对研究设计进行了具体的规划，此时形成了较为具体明晰的研究设计，并针对研究需要进行了案例的二次理论抽样，选择了两个在领导社会网络构建策略偏好上具有明显差异的研究对象作为研究案例。笔者带着具体的研究问题和研究设计，进入研究步骤六，针对研究问题重新设计了访谈提纲，对选取的研究对象进行结构化的访谈，访谈涉及的内容和问题均与研究问题密切相关，并在此步骤中将针对研究问题设计的问卷进行发放，综合利用定性与定量方法进行聚焦的数据收集。在步骤七中，笔者对收集的多元化数据进行分析，包括编码、文本分析、量化数据比对

3 研究方法与研究设计

和统计分析、仿真实验,并对研究发现进行提炼和归纳总结。在步骤八中,笔者对本书的研究发现与已有的理论进行了对比,明确理论贡献,最终进行本书的撰写。整个研究在早期的酝酿阶段,通过对管理现象的观察和体悟,浮现出某些构念或命题,通过理论分析和演绎的过程,逐步明晰聚焦研究问题,从而影响了下一步的数据收集,而收集的数据又为概念和命题的发展与修改提供了更多的证据。整个研究过程涉及演绎和归纳过程的不断互动、轮回循环,同时是一个研究者不断与管理理论和管理实践对话交互过程。

如图 3-2 上方所示,整个研究过程涉及三次与管理理论的对话,第一次是在研究主题的确定时,如图 3-2 中上方 A 所示,通过对研究领域的已有理论和研究现状进行回顾,来增加对该研究领域的理论知识储备,选定研究视角是理论的初始准备阶段。注意本阶段并不会先框定理论视角,也不应该局限于已有研究的观点。第二次是在发现有兴趣的管理现象后,将管理实践现象提炼为研究问题即研究问题抽象化的过程。如图 3-2 上方 B 所示,此时将仔细研究和阅读与该现象相关的理论,尤其是对比确定问题的研究价值和意义,并且探寻研究中需要哪些理论对该研究进行支撑,本阶段可能会形成一定的理论视角。第三次是在研究分析后,需要将已经提炼出的研究发现与已有理论进行对比,进而明确理论贡献,如图 3-2 上方 C 所示。总体来看,理论在本书的研究过程中起到了重要的作用,通过不同阶段与已有理论的对话,不断地推动了研究的进展,逐步深化,最终得到新的研究发现和理论贡献。

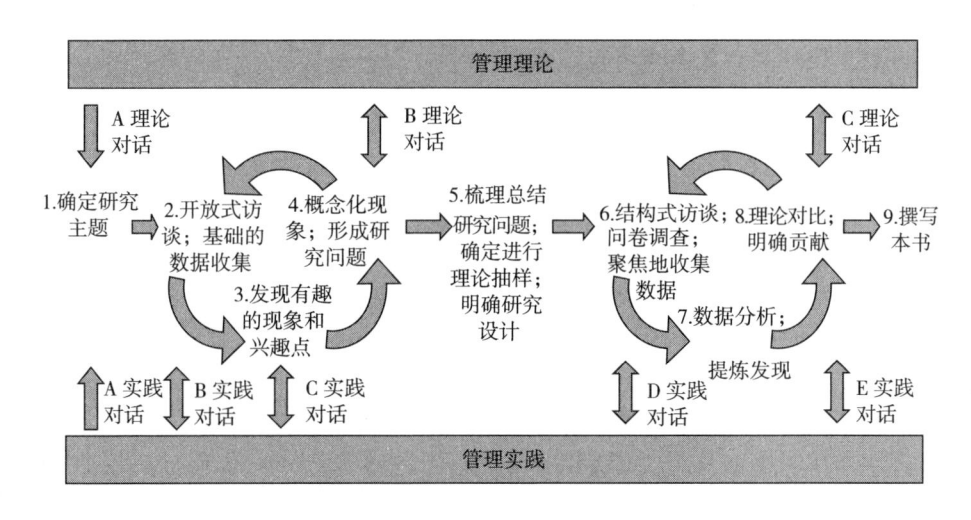

图 3-2 本书的研究过程

如图 3-2 下方所示，整个研究过程涉及五次与管理实践进行对话。第一次对话旨在确立研究主题，通过对管理实践的观察和体悟，发现实践中企业家和领导者仍然具有很多困惑，需要研究者给予足够的关注，进而明确领导者的研究是一个富有实践意涵的议题。图 3-2 下方 B、C、D 三次对话是在访谈和研究数据获取过程中的互动，一方面帮助研究者了解管理实践的现状和管理实践中面对的实际问题，同时可以帮助研究者发现有趣的研究议题；另一方面通过与研究对象的互动得到了研究所需的数据，为后续分析和得出研究结论奠定了研究基础。与管理实践的第五次对话出现在得出研究发现后，此时不但需要将研究发现与管理理论进行对比进而确定理论贡献，还要返回管理实践中，与受访对象进行沟通，确定研究结论与现实的匹配，进而明确研究的管理实践价值。

在整个研究过程中涉及多次与管理理论与管理实践的对话和互动，通过不断与管理理论和管理实践互动的研究过程，将管理理论和管理实践进行结合，尽量减小管理实践和管理理论之间的脱节，进而不仅为管理理论贡献了知识，而且为实践提供了指导，整个研究过程就是在不断地与理论和实践的对话中推进的。

整个过程历时三年多，访谈人数超过 20 人，参与问卷调查的人数超过 400 人，辅助参与研究的人数超过 10 人，形成的访谈文本和第三方资料超过 60 万字。本书的研究运用了定量和定性方法进行数据收集和分析，针对具体研究问题的特征和研究设计的需要综合利用了案例研究、问卷调查和仿真实验方法，以提升研究的可靠性，更好地应对研究问题的复杂性。

3.3 案例研究设计

3.3.1 案例的选择

本书初始阶段并未刻意地进行案例筛选，而是在一种扎根式开放性环境中进行研究，在研究问题逐步明晰后，追寻理论抽样，结合便利性抽样原则，在确定研究主题的初始抽样中选取了两个具有 25 年发展历程、领导者个性特质差异明显、在网络构建策略差异较大的领导者作为研究对象（Y 和 X）。依照案例研究的传统分类方式，本书的案例研究设计属于探索型多案例开放式设计。在案例中两名研究对象所在组织均为民营企业。研究之所以聚焦于民营企业，一方面，是因为民营企业的产权相对清晰,相较于国有企业或者其他类型的企业,行政化、体制等相关情境变量的影响较少,领导者的行为具有较大的自主性和灵活性;另一方面,统计数据显示,我国民营企业的数量占到了中国企业整体数量的84%,因而相应的研究对管理实践更具意义。两家企业在成立时间、行业相似性(均涉足房地产行业,并成为重要的业务组成部分)、企业规模和面对的经济制度环境上基本相同,并伴随着内需的扩张和国内经济的高速发展而快速成长。两家企业的领导者都是公司创始人和实际控制者,伴随着企业一同成长,并均已成为当地的知名企业家。两家企业在成长过程中遇到的问题与中国大多数的中小民营企业基本相同。据此,本书选择以上两个研究案例具有一定的代表性,符合研究目的的要求。

3.3.1.1 Y案例基本信息

(1) 企业背景。L企业是从事房地产开发的民营企业集团,企业旗下子公司有房地产开发有限公司、物业管理有限公司和锅炉设备安装公司。并投资有B广场有限公司、D歌剧院有限公司,参股中城联盟投资管理有限公司、城市建设投资有限责任公司,是地方行业的领跑者。

(2) 企业的发展历程。企业创立之初以锅炉设备安装为主营业务,发展迅速,于1992年投资成立地产公司踏足房地产行业,此后公司的主营业务转为房地产开发。公司于1997年通过与外资合作开始商业地产经营业务,2006年开始提供商业地产开发与运营咨询服务。依据企业生命周期理论对组织演化周期的相关研究(爱迪斯,1997),结合研究对象的实际情况,将L企业的发展分为创业阶段、成长阶段、成熟阶段,如图3-3所示,相应的划分在回访的过程中得到了企业高管的认可。其中,创业阶段为1987~1996年,该阶段前期公司的主营业务为锅炉安装,后转为房地产开发。在此期间企业的主要目标是维持企业的生存,企业规模有限,经营状况不稳定;企业的成长阶段为1997~2006年,通过前期的经营,企业在行业知识和企业经营上逐渐成熟,业务快速发展。通过与外资企业的合作,企业于1997年开始涉足商业地产经营,先后成功运营多个商业地产项目,企业规模和业务范围进一步扩大,并成立了集团公司。2006年后企业进入组织发展的成熟阶段,主营业务趋向平稳,地产项目开发速度均衡,商业地产项目运营成熟,企业规模递增速度趋稳,并开始利用多年积累的经验对外提供房地产开发和商业地产运营咨询服务,成为地方行业内的领先者。此外,值得提及的是,企业在成长阶段,某项目的开发决策失误曾一度使公司濒临破产,该事件对公司后续经营策略和企业家的领导风格产生了较大的影响。

宏观形势
- 经济体制转型
- 私营企业逐步获得合法化地位

- 政策鼓励招商引资
- 私营企业成为经济主体的重要组成部分

- 政策鼓励基础设施建设
- 房地产行业高速发展

锅炉厂创业 → 成立房地产公司 → 与外资合作涉足商业地产经营业务 → 成立集团 → 开启商业地产咨询业务 → 成为地方行业领先者

1987年　　　　　1997年　　　　　2006年　　　　　现在

创业阶段　　　　成长阶段　　　　成熟阶段

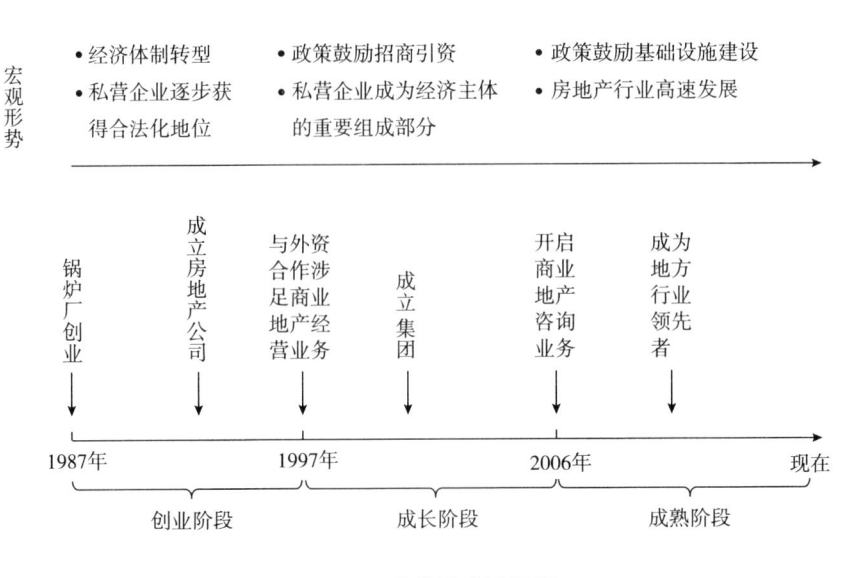

图 3-3　L 企业的发展历程

（3）企业创始人 Y。L 企业创始人 Y，男，汉族，民盟人士，1959 年 10 月出生，山西晋城人，1986 年毕业于西安交通大学。1987 年，主动辞去公职，出任了连年亏损濒临倒闭的锅炉安装设备厂厂长。面对巨额债务和业务骨干的流失，他大胆改革内部管理和运营机制，积极拓宽业务渠道，提升产品质量。经过五年的励精图治，利润接连翻番，终于使工厂一跃成为同行业的翘楚，多次被评为所在区"明星企业"，他本人也被评为优秀企业家。1992 年，创办了 L 房地产开发有限公司，任董事长兼总裁。1997 年，创建成立企业集团，亲任该集团董事长兼总裁，确立了以房地产业为龙头，以餐饮娱乐和百货零售为两翼的发展战略。同年，企业与马来西亚著名跨国公司 J 集团合资开办了 B 购物中心。开业不久便以新颖的货品、独特的促销方式、贴近市民的价格，被众多市民所青睐，销售业绩蒸蒸日上，2001 年成为全国 B 连锁店销售业绩第三名。1998 年，企业与澳门某贸易行等企业联合投建了 D 歌剧院，以其精美豪华的装饰、令人耳目一新的演出和全新的管理模式，很快名声大震，牵引着都市人的消费走向，成为该市的标志性休闲娱乐场所。2004 年，Y 获得"其所在省地产十大领袖人物"殊荣。除担任 L 公司董事长兼总裁职务外，Y 还兼任地方省份晋商协会的会长，并多次被选为市人大代表，任职期间提出的"关于取消城市天然气初装费议案"曾引起广泛关注。Y 先后赴上海交通大学安泰管理学院、长江商学院学习企业管理与领导力的专业知识，并获得多个高级工商管理硕士学位，其撰写的论文曾获得学院论文竞赛二等奖。无论行业内部知名人士还是管理学者、咨询专家抑或是合作伙伴、商会会员，只要是 Y 认为可以学习到知识或对企业发展有利的社会网络，Y 都会主动去联系，并快速地融入相应的圈子，努力成为圈子的焦点，将自己树立为企业的代言人。

3.3.1.2 X 案例基本信息

（1）企业背景。W 集团股份有限公司从事服装、房地产开发，始创于 1987 年 4 月 7 日，业务涵盖服饰设计、生产和销售，房地产开发和销售，物业管理服务，投资管理，酒店管理等方面，企业总部位于国家级某高新技术产业开发区核心地段。企业下辖 W 品牌运营有限公司、上海 A 码服饰有限公司、RH 房地产开发有限责任公司、W 物业管理有限责任公司、W 投资管理有限公司、J 国际酒店有限公司（筹）等十几家分子公司，员工 1500 余人。在服装行业是地方的行业领跑者。

（2）企业的发展历程。W 企业成立之初以生产设计男士服装为主营业务，在 20 世纪 80 年代刚好迎合了当时市场的需求，企业发展迅速，在严控质量的同时，不断地扩大生产规模。企业的产品在获得市场认可的同时，获得了"省优质产品"荣誉称号。自 1991 年开始，企业陆续开始开拓市场，以周边大中城市为主设立销售公司。1993 年开始在国内试行连锁加盟的特许经营模式，W 服装直营店与专卖店并举，产品迅速占领国内中西部市场。1994 年公司主营产品获得美国匹兹堡国际博览会金奖，设立销售网点近 50 个，销售突破 2000 万元，上缴税金过百万元。同年企业获得当地政府颁发的先进私营企业称号。1995 年企业在该地区行业内的龙头地位开始确立。1996 年企业迁址到中西部某高新技术开发区，标志着企业发展开启了第二个阶段，同年企业成为所在区域行业领导者，进入全国行业百强。1997 年企业成立纺织品有限公司，1998 年改制为集团股份有限公司，企业规模进一步扩大，资本实力得到大幅提升，市场销售扩大到全国数十个省市，专卖店数量达到 500 多家，销售额达到 3 亿元，成为西部地区唯一一家股份制服装企业。1999 年，集团喜获陕西私营企业进出口权。

2002 年，企业顺利通过 2000 年最新版本 ISO9001 质量体系认证评审，成为中国服装业首批通过 2000 年最新版本 ISO9001 质量认证的企业。同年，W 企业投资成立了 RH 房地产开发有限责任公司。房地产公司的成立，标志着 W 企业开始向房产行业进军，使公司走向了多元化发展之路。2004 年后，企业地产业务进入快车道，在规模和业务上保持了良好的增长。2007 年，公司服装产品荣获"产品质量国家免检证书"。并建立了"以顾客为中心的质量管理体系"，实施"顾客满意工程"。同年，W 企业从上千家年销售额亿元以上的参选企业中脱颖而出，跻身"2007 中国成长百强"榜单。2008 年，企业地产项目获得"2008 全国人居经典设计方案建筑金奖"。2009 年，W 企业服饰产业北京分公司正式成立。同年，企业再次荣登"2008~2009 年度中国纺织服装企业竞争力 500 强"企业，并成为中国服装协会常务理事单位。2011 年，再次被评为"2010 年度服装行业百强企业"，这已是 W 企业连续 15 年获此殊荣。

2013 年，企业 RH 地产再次被授予"2012 年度诚信单位"称号，这已是自 2010 年以来连续三年被评为年度诚信经营单位，并首次被市消协授予"3.15"诚信承诺联盟"百佳示范企业"。同年，揭晓的中国服装协会 2012 年度服装行业百强企业评选活动中，W 企业销售利润、利润总额和产品销售收入三项指标均进入百强企业行列，其中销售利润名列第 71，利润总额名列第 91，产品销售收入名列第 95，荣获三项百强企业称号。

依据企业生命周期理论对于组织演化周期的相关研究，结合研究对象的实际情况，将 W 企业的发展分为创业阶段、成长阶段、成熟阶段，如图 3-4 所示，相应的划分在回访的过程中得到了企业高管的认可。

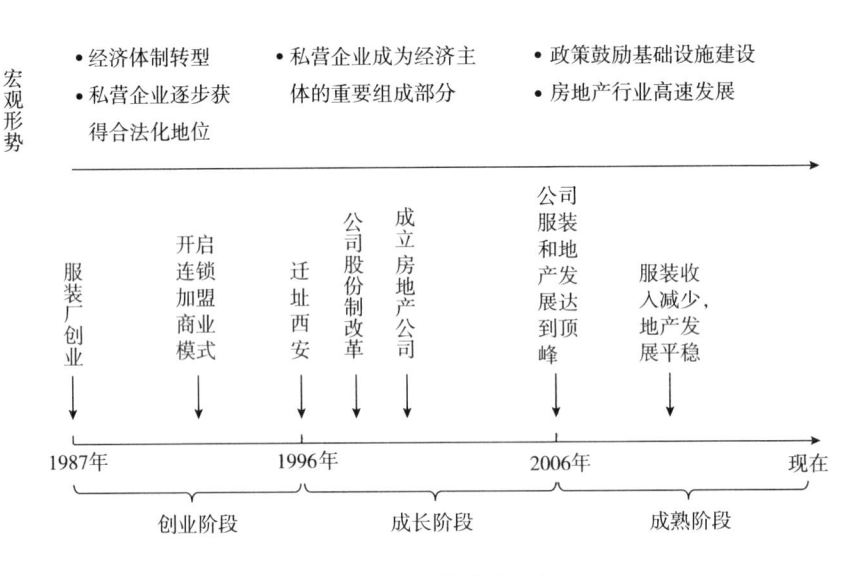

图 3-4　W 企业的发展历程

（3）企业创始人 X。1956 年，X 出生在中西部一个三线城市的贫穷农民家庭。16~24 岁，X 为谋生，当泥瓦工人，出苦力、学技术。1980 年开始学习裁缝手艺，后独立创业，到 1984 年 X 因个体经营业绩越来越好，手艺卓越，树立了口碑。1984 年外出上海期间发觉到西装的流行，回到家乡后开始做西装。1985 年成立服装店，1987 年成立服装厂。X 不善表达，但吃苦耐劳、工作认真、注重信誉，严把服装质量，专研制作工艺，产品得到了市场的好评。1992 年企业开始扩大经营，进入发展的高速期。X 在此期间不断聘请高管人员，通过私交和公开招聘等形式，不惜高薪以搭建高管团队。

伴随着 W 企业的发展，X 个人获得了一系列的殊荣。X 倾向于不断地从组织外部引进人员，并试图通过引进外部人员的方式来获得企业所欠缺的资源，这种策略方式也造成了企业高管团队的人员流动率偏高，与上述 Y 的案例形成了较为鲜明的对比。

3.3.2 案例资料来源

研究遵守了关于案例研究方法的基本步骤和原则。在研究期间，成立了两个包含两名博士生导师和三位博士研究生的五人研究小组。为避免数据收集的主观性，追寻案例研究的规范性，提高研究理论的效度，使用了迈尔斯和休伯曼（2010）的三角测量法，从多个信息来源分析案例。具体的信息来源包括关于研究对象的网络媒体报道、研究对象的演讲、撰写的文章，企业内部资料及与企业高管、研究对象的亲属、同学的访谈等。资料收集的内容伴随研究进程不断深化，大致可以分为三个部分：第一部分的资料收集在确定研究主题之前，主要针对领导实践中的困惑和管理实践与管理理论中脱节的具体表征，用来确定研究主题的选取。第二部分资料收集图 3-2 中下方的 B、C、D，其中 B、C 集中收集有关研究对象的初始资料，包括关于领导者社会化过程中的个人成长资料，早期的领导者经历（社会化、文化、情境相关）；当前组织和个人的相关文件、资料（行动相关）。在明确研究问题和细化研究设计后，将收集数据集中在有关领导者社会网络建立过程以及领导者个性特质、社会网络策略的影响效应方面。最后一部分数据收集图 3-2 中下方 E，主要收集研究对象对研究发现的反馈，以确认研究对管理实践的价值，提升研究的效度。本书的研究设计涉及访谈人数超过 50 人，每次访谈前召开研究小组会议，就草拟的访谈提纲进行讨论和修订，表 3-4 和表 3-5 列出了访谈的整个历程和提纲的部分示例，整体研究资料的收集过程和形式如表 3-6 所示。

表 3-4　L 企业访谈历程

访谈日期	受访对象	访谈目的	访谈时长	访谈内容示例
2011.11.16	房地产公司总经理	了解企业发展历程、领导者特质行为；寻找兴趣点	154分钟	以您亲身感受到的，L企业是个什么样的公司？企业的文化氛围如何？企业从外面直接引进过哪些人？引进人才是基于怎样的考量？
2011.12.07 2014.09.30	商业公司总经理	了解企业发展历程、领导者特质行为；寻找研究兴趣点；假设验证	146分钟	企业是否经历过一些比较困难的时期，在这个时候Y是如何应对的？请举一两个事例说明。 填写调查问卷
2011.11.05 2014.09.30	商业公司财务总监	了解企业发展历程、领导者特质行为；寻找研究兴趣点；假设验证	143分钟	如您所知，Y的朋友圈子有哪些？ 填写调查问卷
2013.01.07 2013.03.16	研究对象父亲	了解领导社会化经历、个性特征	249分钟	Y小时候淘气吗？您经常说他吗？您能给我们讲讲Y小时候有趣的故事吗？在您眼中Y有什么特别的个性？
2013.01.07 2014.09.30	锅炉厂厂长	了解企业发展历程、领导者特质行为；寻找研究兴趣点；假设验证	66分钟	Y是怎样的一个人？ 讲讲您与他交往中印象最深刻的几件事。 填写调查问卷
2013.10.20 2014.10.11	研究对象Y	领导者个性特征核查；核对之前的研究假设；收集领导者社会网络策略影响因素和效用相关数据；验证前期的假设判定	213分钟	您创业一路走来，怎么看待朋友、熟人这些社会圈子在经商中的意义？对企业有哪些影响？ 您是如何走进那些圈子的？ 填写实验问卷
2011.01.05 2014.09.30	商业公司总裁秘书	了解企业发展历程、领导者特质行为；假设验证	122分钟	Y经常开会吗？ 您觉得Y是怎样的企业领导者？ 填写调查问卷

3 研究方法与研究设计

表 3-5　W 企业访谈历程

访谈日期	受访对象	访谈目的	访谈时长	访谈内容示例
2014.08.30	管理学者 X	了解领导者个性特征、领导者社会网络策略	30 分钟	在以往与两位研究对象的交往过程中,您认为他们是怎样的人?两位领导者在交朋友上有什么差异吗?
2011.11.29 2014.09.04 2014.10.09	董事长助理	了解领导者个性特质、社会网络构建策略;假设验证	163 分钟	X 是一个怎样的人? 据您所知,X 是如何与大多数朋友相识的? 填写实验问卷
2011.12.25 2014.10.09	西安区总经理	了解企业发展历程、领导个人特质;假设验证	65 分钟	企业发展中有哪些重大的事件? X 给你留下印象最深的事情是什么? 填写实验问卷
2011.11.08	集团现任总裁	了解企业发展历程、领导个人特质	210 分钟	企业发展可以划分为几个阶段? X 给你留下印象最深的事情是什么? 企业发展中遇到过哪些问题?
2011.12.08 2014.10.09	副总裁	了解企业发展历程、领导个人特质;假设验证	68 分钟	企业遇到问题时,X 是如何处理的? X 愿意学习吗?他是一个善于交际的人吗?请举一个例子。 填写实验问卷
2011.12.28	原董事会成员总经理	了解领导个人特质、企业基本信息;寻找兴趣点	128 分钟	你是怎样加入 W 企业的? 在您看来,企业发展过程中遇到过哪些问题?如何解决的?
2011.04.13	研究对象 X	了解领导个人特质、公司发展历程;寻找兴趣点	286 分钟	企业发展中有哪些重大的事件? 面对企业发展初期您提到的新老员工矛盾问题、自身员工流失问题,您是如何处理的?

表 3-6　资料收集方案

收集次数	资料收集主要内容	资料收集时间点	获取方式/资料性质
第一次	领导研究的现状和领导实践中的问题与困惑	确定研究主题前图 3-2 步骤 1	文献整理和归纳;对管理实践的观察 (定性资料为主)

续表

收集次数	资料收集主要内容	资料收集时间点	获取方式/资料性质
第二次	与领导主题相关的基本资料 (1) 关于社会化过程中的个人成长资料，早期的领导者经历（基于社会化、文化、情境视角） (2) 当前组织和个人的相关文件、资料（基于行动视角） (3) 与研究问题相关的管理理论文献 (4) 聚焦的关于领导者社会网络的资料，以及领导者个性特质和社会网络策略影响效应的相关资料	研究过程中 图 3-2 步骤 2、3 图 3-2 步骤 2、3 图 3-2 步骤 4 图 3-2 步骤 6	开放式访谈；实地观察；文献分析；结构化访谈；调查问卷；仿真建模（定性和定量资料结合）
第三次	研究对象对研究发现的反馈 管理理论中与研究相关的文献	研究过程后段 图 3-2 步骤 8	面对面访谈；电话沟通；文献整理（定性资料）

对于 Y 案例，研究小组对与研究对象 Y 有长时间密切接触的五位高管，以及研究对象的父亲和一名中学同学进行了面对面的开放式深入访谈，并最后访谈了研究对象本人。每次访谈之前列有提纲，访谈中一名成员负责主要提问，一名成员负责补充提问，另外两名成员负责记录。八名访谈对象中三名为女性，五位高管进入企业的平均时间为 13 年，与受访对象的平均访谈时间为 131 分钟。相应的访谈信息如表 3-7 所示，并将受访者对应的访谈文本进行了编号。

表 3-7　Y 案例访谈信息汇总

受访对象	受访者文本编号	性别	与研究对象相识时间	访谈时长
房地产公司总经理	Y-TM-Z	男	17 年	154 分钟（两次）
商业公司总经理	Y-TM-S	男	17 年	146 分钟（两次）
商业公司财务总监	Y-TM-ZH	女	11 年	143 分钟（两次）
研究对象父亲	Y-F-Y	男	53 年	249 分钟（两次）
锅炉厂厂长	Y-TM-Yin	男	24 年	66 分钟（两次）
商业公司总裁秘书	Y-TM-J	女	6 年	122 分钟（三次）
研究对象同学	Y-F-Z	女	38 年	61 分钟（一次）
管理学者	Y-C-XY	男	10 年	30 分钟（一次）
研究对象 Y	Y-Y	男	—	213 分钟（三次）

注：文本编号的第一个字符表示案例，第二个字符表示与研究对象关系，第三个字符表示受访对象个人编号。

对于 X 案例，研究小组对与研究对象 X 有长时间密切接触的七位高管进行了面对面的开放式深入访谈，最后访谈了研究对象本人。每次访谈之前列有提纲，访谈中一名成员负责主要提问，一名成员负责补充提问，另外两名成员负责记录。八名访谈对象中两名为女性，七位高管进入企业的平均时间为 13 年，与受访对象的平均访谈时间为 135 分钟。相应的访谈信息如表 3-8 所示，并将受访者对应的访谈文本进行了编号。

表 3-8　X 案例访谈信息汇总

受访对象	受访者文本编号	性别	与研究对象相识时间	访谈时长
集团现任总裁	X-TM-D5BY	女	10 年左右	210 分钟（两次）
董事长助理	X-TM-D	男	7 年	163 分钟（三次）
西安区总经理	X-TM-W	男	15 年	65 分钟（两次）
副总裁	X-TM-L	男	15 年	68 分钟（两次）
财务总监	X-TM-Y	女	1 年	40 分钟
原董事会成员/总经理	X-TM-JH	男	22 年	128 分钟（两次）
原董事会成员/顾问	X-TM-JQ	男	23 年	118 分钟（一次）
管理学者	X-C-XY	男	10 年	30 分钟（一次）
研究对象 X	X-X	男	—	286 分钟（两次）

注：文本编号的第一个字符表示案例，第二个字符表示与研究对象关系，第三个字符表示受访对象个人编号。

3.3.3　资料分析法

访谈资料的整理分析，采用了迈尔斯（2010）的数据分析方法，在对数据处理时，经过初级的信息收集和分析后，剔除重复数据，在数据的二次分析过程中发现研究所需的数据信息趋于饱和，彼此之间得到了验证。研究期间成立工作研究小组，以笔者本人为主要编码人员，小组其他成员辅助笔者对研究资料进行编码，另外两位学者给予指导和协助。当核对过程中出现对编码释义产生不同理解的情况时，召开小组讨论会，对编码的释意和逻辑进行沟通，从而形成了较为一致的结果。

文本资料的编码针对不同的资料类型和用途，采用逐句编码和意义编码相结合的方法，以逐句编码为主。其中，对媒体报道和访谈记录采用逐句编码，最终得到对研究对象社会化历程和所在公司较为完整的发展过程。需要特别指出的是，本书的研究对编码方法的选择还考虑了研究者对研究对象和研究环境的了解情况，对于文本资料描述的真实事件和情况了解较少的一般用逐句编码，了解较多的用意义编码，并结合研究对象及所在组织的情境因素，力求做到编码结果能真实反映研究对象的实际情况。相对于逐句编码，意义编码更容易实现研究者和研究对象之间的知识共享和建构。

通常认为质性资料的分析相对量化数据的统计分析要复杂得多，而且没有清晰明确的分析程序和步骤，因此，质性分析的过程要通过一系列措施来保证结果的有效性（克雷斯威尔，2007）。本书的研究在资料分析过程中采取了多种措施来保证分析结果的可信度和有效性。

（1）关注研究问题。因为定性数据非常丰富，可以表达多种社会行为，牢记研究问题可以避免在海量的数据信息中迷失。在研究过程聚焦到具体研究问题后，数据分析聚焦到直接与研究问题相关的信息，以保证数据分析与研究问题的关联性。

（2）忠于数据。避免研究者个人猜测他人的可能考虑来整理数据，同时在访谈和实验过程中回避引导性问题，在数据处理分析时避免过度解读数据，对此，除在编码过程中尽量采用逐句编码外，还通过与他人的校对来矫正个人的过度解读。

（3）资料收集与分析同步进行。按照扎根理论的要求（Glaser and Strauss, 1967；卡麦兹，2009），研究者在开始收集资料的同时进行资料的初步分析，以指导下一步的资料收集方向，为理论抽样打好基础。例如，研究者首先收集了两个研究对象和所在组织的网上相关信息，并对组织所在的行业信息进行了初步了解；其次拟定访谈提纲；最后通过对前期访谈对象的信息分析，不断地与研究问题和兴趣进行比对，进而为后续访谈对象的提纲提供了参考。整体过程是资料收集与访谈同时展开。资料分析中产生的新问题或数据出现不足的地方，将成为下次访谈的重点，进而对后续数据分析提供资料。

（4）不断比较。扎根理论倡导在资料分析过程中要不断运用比较的方法来推动分析进程。首先，进行数据与数据之间的比较，一方面来保证数据本身的可靠性，另一方面通过比较发现冲突，找到有趣的话题，并最终得到关键的构念。同时还对实时数据进行比较并对以往数据进行回顾，进而来寻求研究对象的个性、事实现象的一致性。其次，在理论与数据之间不断比较，以不断提升理论解释数据的能力，并形成相对完整的理论。最后，在所得理论和竞争性理论之间不断比较，明晰研究得到的理论在哪些方面能更好地解释研究发现的理论贡献。

(5) 通过"三角测定"多方论证资料及其分析过程（Denzin，1978）。首先，在资料来源上，采用文本资料、媒体报道和访谈录音间多方互证来保证收集的资料不偏离事实。同时，各项资料力求做到不同时期均匀分布，不同场合均匀分布。其次，在资料分析中，多人验证分析结果的适当性，研究者先对全部资料进行分析，然后邀请对研究对象很熟悉和不熟悉的人分别验证编码过程和结论，保证资料分析没有过多的主观偏差。再次，对于同一问题，采用多重来源进行交叉验证，如对于研究对象的个性特征，本书通过其下属、亲属、同学、朋友访谈，并得到的数据与研究者观察和研究对象自述进行比对，对数据进行交叉验证。最后，利用多种方法分析同一个问题，以避免研究方法带来的偏差。本书同时使用了质性和量化研究方法进行数据收集，并将得到的数据进行了比对。

(6) 撰写备忘录。在对数据进行编码分析的同时，对操作过程和涉及的理论和访谈过程进行记录，将编码标签与数据相关联，数据处理的方式、参与的人员等内容进行记录是采用诠释的方法进行意义编码必须要进行的一项工作。这一过程不但有利于提高分析的可靠性，还有助于研究者梳理研究数据与研究发现的逻辑关联，方便研究者进行研究总结。

(7) 保证资料的饱和度。定性研究中对于资料的收集和抽样方式与定量研究有所不同。研究资料的收集通常是针对性和导向性的，数据的收集并不追求广泛，遍及所有的随机样本群体，但是要满足理论的饱和度。即当新收集的数据不再提供新的信息同时以对原有数据有充足的验证，则可以停止数据收集。

(8) 与已有理论对话。数据在分析的过程中，对于涉及概念界定和编码释义的过程中，不断与已有理论概念进行对话。严格比对数据信息与已有概念之间的内涵，进行编码。当出现尚未发现理论可以明确解析的概念时，一是严格遵循数据事实，二是充分参考相关理论概念，三是与管理学者和管理实践进行反复对话，进而完成数据分析和概念提炼。

3.4 问卷调查

本部分设计的目的是对前述案例研究中发展的部分命题假设进行验证，结合研究问题性质和实际研究条件，选取问卷调查研究设计方案，具体如下：

3.4.1　问卷调查方案设计

问卷调查法是管理学研究中最为普遍的方法，具有很强的实用性导向。如果实施得当，可以快速高效地收集高质量的研究数据；并且问卷调查方法对于被调查者的干扰较小，因而比较容易得到调查单位及员工的支持（陈晓萍等，2012）。

本书在研究设计部分采用问卷调查的研究方法主要是验证案例中提出的关于领导者个性特质和组织情境因素与领导者社会网络构建策略偏好之间的命题假设。其中有关领导者个性特质的部分属于典型的研究者不可控制因素，同时研究中还涉及多个情境因素和领导者的策略行为选择，因此从适配性、可控性和便利性三点来看，采用问卷调查法是适宜的。

在研究设计中，涉及的研究变量包括领导者个性特质、组织情境因素和领导者社会网络策略的选择。基于前期案例研究中对数据的编码和分析，得到与本书研究问题相关的领导者特质可以抽象概括为领导者自我效能和领导者自我监控。对于这两个领导者特质的测量已有成熟的量表，并被研究者广为接受，因此在对被试对象特质测量时使用了规范的成熟量表。在组织情境因素的挖掘中，发现策略的成本和时效性对策略的选择有影响，在问卷调查设计时将该变量进行了操纵；领导者社会网络策略的选择需要通过设计管理情境来进行模拟。据此，研究者针对研究案例的实际情况和两种社会网络构建策略的定义设计了管理决策的情境，并将策略时效性（策略的时间压力）一并设计到管理决策的模拟情境中。

为了保证管理情境的设计能够有效地反映研究所涉及的内容，在情境设计的过程中不断与社会网络构建策略的定义进行比对，并尽量与案例中的实际情况相结合，使管理情境中被试研究对象面对的问题和情境与实际案例中研究对象面对的情境保持了最大限度的一致。同时，研究者在设计完管理模拟情境后，还向两位研究经验丰富的学者进行了请教，结合他们的意见对管理情境的细节进行了修订。不仅如此，本书还将设计好的模拟情境发给了案例研究中的研究对象，咨询他们这样的情境设计是否反映出了研究对象当时所遇到的实际情况，在得到管理实践中研究对象的认可后，确定了研究设计方案。并在实际进行实验之前进行了试实验，通过与实验对象进行沟通和观察，发现研究情境的设计可以让研究对象清晰的理解，并且没有产生歧义，进而最终确定了有关领导者社会网络构建策略选择的管理决策模拟情境。

在问卷发放、填写和回收的过程中，研究者一直在现场，并在控制被试者偏差和需求特性的前提下，对研究进行了必要的讲解。在填写问卷过程中，对被试对象不理解的地方进行了及时解释。

3.4.2 样本与数据收集

本部分研究的样本主要包含了两个主体：一是案例研究中的两位领导者及与领导者相关的，如跟随多年的下属、同学、亲戚、朋友等；二是西安交通大学管理学院 EMBA 和 MBA 的学生，他们大部分具有多年的管理工作经验，并且多数为所在公司的领导，对组织的实际情况比较了解，对领导的角色和领导的职责、作用有较为充分的了解。此外本书还对案例研究中两位领导者及与领导者相关的如跟随多年的下属、同学、亲戚、朋友等对象进行了问卷数据收集，一方面是想从多元渠道进行数据收集进而提升数据本身的可靠性，另一方面想用于与案例文本编码分析结果的对比。两个样本主体使用了相同的问卷设计方案。

在进行数据收集时，尽量做到当场发放、回收，并对被试对象的提问进行解答，以便被试充分地了解问卷中的题项内容，研究者对整个问卷的发放、填写、回收实行了全场跟踪。其中以 EMBA、MBA 学生为对象的问卷调查共进行了两次，合计参与问卷调查人数为 412 人，数据回收后发现存在明显漏填的无效数据合计 55 份，得到有效数据 357 份，整体数据回收率为 86.6%。预计企业研究案例的参与被试对象为 12 人，实际参与回收有效数据 8 份，数据回收率为 66.7%，具体如表 3-9 所示。对于研究案例中相关对象的试验，有关策略选择和特质数据采用他述的方式，即被试对象填写的数据是基于与案例研究对象多年的交往经验，认为该情境下研究对象会做出怎样的选择和具备怎样的特质，因此实际收集的数据是案例研究对象本人自己填写的数据和他人心中的数据。有关实际案例中被试对象信息如表 3-10 所示。值得注意的是，对于研究设计收取的量化数据，并不会与 EMBA 被试群体的数据合并到一起进行统计分析。对于访谈研究对象（非 MBA 学生）的数据将作为与案例研究中定性资料的补充。而由于样本之间存在一定的差异，为剔除这种差异对统计分析带来的潜在影响，我们决定在数据分析时将以上两个数据分开进行处理。

表 3-9 问卷调查样本数据回收情况统计

被试样本	设计样本数量（人）	回收有效数据数量（份）	数据回收率
EMBA/MBA 学生	412	357	86.6%
研究案例中相关对象	12	8	66.7%

表 3-10　研究案例中相关对象的问卷调查数据回收统计

被试对象	受访者文本编号	性别	与研究对象相识时间
集团现任总裁	X-TM-D5BY	女	10 年左右
董事长助理	X-TM-D	男	7 年
西安区总经理	X-TM-W	男	15 年
副总裁	X-TM-L	男	15 年
财务总监	X-TM-Y	女	1 年
原董事会成员/总经理	X-TM-JH	男	22 年
商业公司总经理	Y-TM-S	男	17 年
商业公司财务总监	Y-TM-ZH	女	11 年
锅炉厂厂长	Y-TM-Yin	男	24 年
商业公司总裁秘书	Y-TM-J	女	6 年
研究对象同学	Y-F-Z	女	38 年
研究对象 Y	Y-Y	男	—

3.4.3　变量的测量

为了尽可能准确地测量研究中涉及的相关变量，本书遵循以下原则来保证量表设计的质量：第一，选取与本书研究涉及变量相关文献中采用的量表（如领导研究中的自我效能量表，社会网络研究中涉及自我监控的量表）；第二，选择已经被验证并广泛应用的量表；第三，选取信度和效度较高的量表；第四，对于没有现成量表需要自行设计的情境部分内容，采取不断与定义进行比对，并咨询富有研究经验的学者和管理实践中的对象，对涉及的管理模拟情境进行评定，结合意见对管理情境进行不断修正，最终得到了案例研究对象的认同，并在试实验后与被试进行沟通，确认被试的理解与研究设计相符。

对于采用的已有量表，通过访谈、小组讨论与样本实测的方法保证其合理性与适用性。指标的度量采用了李克特七点计分的方法来度量，要求被试对象按 1~7 的数字来衡量对问题的赞同程度，"1" 表示非常不同意，"7" 表示非常同意，"4" 表示既不同意也不反对。以下分别论述各变量的测量方法和管理情境设计的具体内容。

3.4.3.1　领导者自我效能的测量

自我效能感提出后，得到了社会心理学、教育心理学和管理学研究者们的普遍关注，并形成了规范的构念测量量表（Stajkovic and Luthans，1998）。受理论

3 研究方法与研究设计

学派在自我效能感延展性上的争论影响,有关自我效能感的测量也存在两个观点。一方面,是以 Bandura(1986)为代表,坚定地认为自我效能感是与具体任务高度相关的,因此在有关自我效能感的测量上,应当描述与任务相关的活动,教育心理学的诸多研究以及管理学中的部分研究均采用了这样的观点,典型的如有关学习的自我效能感量表(Zimmerman,2000)和管理者自我效能量表(Robertson and Sadri,1993)。另一方面,有人强调自我效能感的普适性,认为存在一个一般意义上的自我效能概念。其中代表性的 Schwarzer 等(1994)还开发了一般自我效能感测量表(General Self-Efficacy Scale,GSES),它的影响和使用最为广泛,已经被翻译成 25 种语言,并被学术界广为接受。GSES 最初共有 20 个题项,后来改进为 10 个题项,所有题项全部为正向题项,具体如表 3-11 所示。现在管理学和教育心理学中大部分涉及自我效能感的研究要么直接使用了 GSES,要么以此为基础,通过任务的描述来设计具体任务的自我效能感量表。

表 3-11 一般自我效能感量表

题 项	题项正反
1. 如果我尽力去做的话,我总是能够解决问题的	正
2. 即使别人反对我,我仍有办法取得我所要的	正
3. 对我来说,坚持理想和达成目标是轻而易举的	正
4. 我自信能有效地应付任何突如其来的事情	正
5. 以我的才智,我定能应付意料之外的情况	正
6. 如果我付出必要的努力,我一定能解决大多数的难题	正
7. 我能冷静地面对困难,因为我信赖自己处理问题的能力	正
8. 面对一个难题时,我通常能找到几个解决方法	正
9. 有麻烦的时候,我通常能想到一些应付的方法	正
10. 无论什么事在我身上发生,我都能够应付自如	正

基于对自我效能理论的综述和有关领导者社会网络的相关研究,本书认为领导者自我效能感对领导者社会网络的构建策略有影响。针对领导者构建社会网络中涉及的多方面能力和活动,同时在理论上并未有论断和参照表明哪一种自我效能感可以更好地影响领导者网络策略行为的选择,因此本书选取了一般自我效能感量表和有领导者构建社会网络的自我效能感量表。

在制定领导者构建社会网络自我效能量表时,参照了以往构建自我效能量表的一般步骤和要求。普遍认为在构建任务导向的自我效能量表时，需要关注任务的类型和任务具体的活动，并且体现出层级化，在量表最初构建过程中需要与被试对象核实量表所测构念与被试理解内容是否一致，并就最终测试结果与被试对象自评核对（Robertson and Sadri, 1993）。同时基于教育学和管理学中有关自我效能量表的通行做法，即在一般自我效能感测度量表的基础上明晰任务描述。因此，在构建量表的过程中，严格围绕领导者构建社会网络的活动和内涵来进行任务描述，并与多位富有经验的管理学、心理学教授进行交流，反复修订，在制定好量表后，又与案例中的访谈对象进行核实，证实量表测量的内容与被试理解的内容趋同，具有较好的内容效度。在经过结构效度检验之后，形成了量表，共包含10个题项，均为正向，具体如表3-12所示。

表3-12　构建社会网络的自我效能感量表

题　项	题项正反
1. 如果我尽力去做的话，我总是能够很快地融入新的朋友圈	正
2. 即使别人一开始并不喜欢我，我仍有办法建立我们之间的联系	正
3. 对我来说，结识新的朋友是轻而易举的	正
4. 我自信能有效地应付建立新朋友圈子时出现的任何突如其来的事情	正
5. 以我的才智，我一定能应付新朋友交往中出现的意料之外的情况	正
6. 如果我付出必要的努力，我一定能解决大多数结交新朋友时面对的难题	正
7. 我能冷静面对建立新朋友圈子时遇到的困难，因为我信赖自己处理问题的能力	正
8. 在融入新朋友圈遇到难题时，我通常能找到几个解决方法	正
9. 在和新朋友交往遇到麻烦的时候，我通常能想到一些应付的方法	正
10. 只要我想结交某个人，无论什么事在我身上发生，我都能够应付自如	正

3.4.3.2　领导者自我监控的测量

Snyder（1974）发展出自我监控概念，并用它来解释表情控制和自我呈现的个体差异。自我监控理论及其量表出现以后，相关的研究数以千计（Gangestad and Snyder, 2000; David et al., 2002），自我监控量表也成为20世纪80年代以来较常用的测量方式之一。从自我监控量表的发展历程来看，较为有影响力的量表有五个。其中以Snyder（1974）最早的25题项的量表、Lennox和Wolfe（1984）提出的3维度13题项量表，以及Gangestad和Snyder（2000）基于最早25题项量表重新修订后的18题项的量表最为出名。Li和Zhang（1998）基于华

3 研究方法与研究设计

人文化提出了本土化的23题项两维度的自我监控量表,肖崇好(2005)基于自己对自我监控概念的重新理解,制定了一个3维度的24题项量表。国内学者虽然在概念本土化上进行了大胆的有益尝试,但是相应的研究尚未得到学术界的广泛认同。这一方面是由于自我监控的概念已被学术界较为明确的认同,相应的量表已经得到了广泛的使用;但另一方面尚未有明确的研究确定华人文化对已有自我监控的量表测量有明显的影响。而对于自我监控的测量,普遍对 Gangestad 和 Snyder 的18题项量表认可度最高,在有关社会网络研究的顶级期刊论文中对于自我监控的测量也都普遍采用了这一量表(Mehra et al., 2001)。基于此,本书决定采用 Gangestad 和 Snyder 的18题项量表来测量领导者的自我监控水平。其中正向题项8项,反向题项10项。对应的测量量表题项如表3-13所示

表3-13 自我监控量表

题 项	题项正反
1. 我觉得模仿他人的行为是件困难的事情	反
2. 就算手中没有资料,我还是能就主题做即兴演讲	正
3. 我曾考虑转行当演员	正
4. 我可以像表演般似的娱乐他人或给人留下深刻印象	正
5. 对于用动作猜字谜或即兴演出等活动,我一向不拿手	反
6. 我大概会是个称职的演员	正
7. 我很少成为团体中瞩目的焦点	反
8. 我并不懂得怎样让别人喜欢我	反
9. 在聚会中,我总是让他人尽情地讲笑话与说故事	反
10. 在公共场合中,我总是会感到一点别扭,很难完全表现出我应有的面貌	反
11. 我只赞成自己内心真正认同的观点	反
12. 我表现出来的不尽然是真实的我	正
13. 在社交场合中,我不会尝试去做或说些讨人欢心的事	反
14. 我不会改变行为去配合不同的人和情况	反
15. 我会为了取悦他人或获得帮助而改变自己的言论或行事风格	反
16. 我的行为举止会因状况或因人而有所改变	正
17. 为了正当的目的,我能够面不改色地说谎	正
18. 即使我不喜欢某些人,我也会装出友善的样子	正

3.4.3.3 领导者社会网络构建策略选择的情境设计

通过对研究案例中反映出的管理实践情境进行刻画，以及对领导者社会网络构建策略的定义进行比对，结合管理学者和研究对象的反馈和意见，修订后构成了领导者社会网络构建策略选择的情景模拟设计方案（见附录）。

3.5 仿真研究设计

仿真通过计算机软件的设计来实现对现实生活中复杂社会过程的建模，并以此来发现新的现象或对理论假设进行论证。宜慧玉和高宝俊（2002）将仿真研究定义为，通过系统分析，建立仿真模型，在计算机上模拟真实系统的运行过程，从而对模型的运行结果进行分析的一整套研究思路与方法。近年来，复杂性研究思路与仿真建模研究在管理理论研究上得到了学者们足够的关注，《美国管理学会评论》在2009年刊发专题强调仿真研究对于管理理论构建有着重要的方法论意义。Harrison等（2007）在对仿真方法的评述文章中提出，仿真方法将是归纳与演绎之后的第三种研究方法，并且是对二者有益的补充。由于管理研究面对的组织是有人参与的复杂系统，变量之间的非线性关系、动态性及反馈都造成了用数学方程式刻画组织行为的困难。无论是对组织行为的刻画还是对组织过程的动态性描述方面，通过数学方程式的推导进行演绎研究面临着巨大的困难，而仿真方法的建模方式比较成功地解决了这些问题。这与Davis等（2007）提出的仿真研究在理论研究中所处的地位定论非常相似，戴维斯主张基于正式模型的仿真实验将有助于发展演绎研究。仿真将比数学方程式更适于建立更贴近组织现实的假设，仿真实验的结果不仅推动了假设的发展，而且得到的大量虚拟数据，将为归纳研究提供不宜得到的数据支持，从而构成了理论研究和实证研究的"甜蜜地带"（张华等，2009），如图3-5所示。Li（2013）等学者对领导者社会网络中的研究方法进行了总结，并指出了仿真设计在领导者社会网络中的重要意义，号召后来的研究者可以利用NK模型和双E模型对领导者社会网络的演化进行建模，以更好地揭示领导者社会网络的演化机理。

本书的研究涉及领导者构建社会网络的策略选择、领导网络策略与网络之间的协同演化，以及由此引起的团队任务绩效变化，这些过程体现了网络个体间的非线性互动关系，需要从时间的维度来考察变量的变化情况，而要达到这样的研

3 研究方法与研究设计

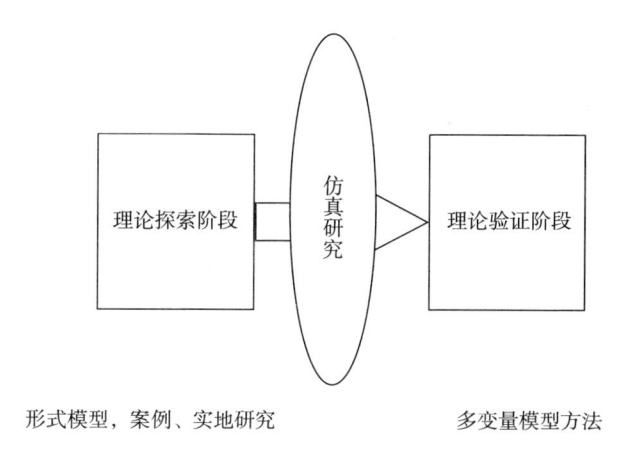

```
[理论探索阶段] — [仿真研究] → [理论验证阶段]

形式模型，案例、实地研究              多变量模型方法
```

图 3-5　仿真方法在理论研究中的定位

资料来源：张华等（2009）。

究目的，实证方法无能为力或者采用实证的方法成本更高，因此本书将采用仿真建模的方法来设计仿真模型和虚拟实验，来验证这些研究命题。基于以上对仿真研究的文献综述，本书将采用结构化与非结构化相结合的仿真方法。主要包括对任务环境的建模、Agent 之间的交互规则，以及社会网络构建策略建模等方面。

3.5.1　任务环境建模

在应用仿真方法进行理论的研究中，NK 模型与 March（1991）的双 E 学习模型是两个经常被研究者采用的仿真模型。NK 模型起源于 Wright（1932）提出的适应度景观的概念，适合于对那些由相互关联的要素构成的系统进行建模，并在 Kauffman（1971）的人口遗传学研究中得到发展。Kauffman 的最大贡献在于，其提出了适应度景观的 NK 模型（见图 3-6）。从此 NK 模型被广泛地应用在社会经济系统的建模等研究领域，其中以 Levinthal（1997）的研究最为著名。

Levinthal（1997）将组织面临的任务抽象为一个由 N 个决策项组成的决策组（称为一个决策配置），其中每项决策都有两个值（0 与 1），这样组织所面临的可行性决策空间就是由 2N 种决策配置所构成的集合。在每个决策配置中，每项决策与其他 K 项决策相关联，即单个决策对组织绩效的贡献度不仅取决于决策本身，同时也取决于 K 项与其相关的其他决策。对应每一种决策配置下的组织绩效定义为所有单项决策贡献度的平均值。经过 Levinthal 的拓展，原始 NK 模型中的基因组被视为组织面临的决策配置，适应度看作组织绩效，相应地，适应度景

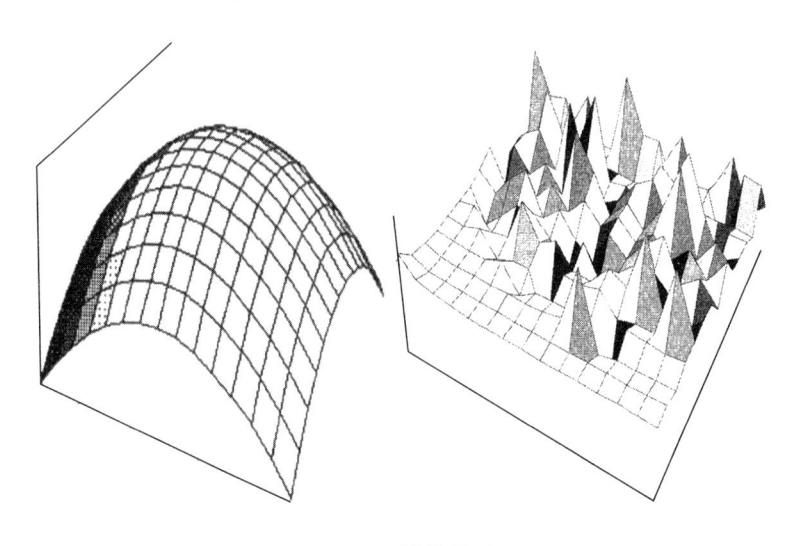

图 3-6 绩效景观

观就成为了绩效景观，其反映了决策配置对组织绩效的映射。由此，K 值的大小反映了决策项之间的关联程度，K 的取值范围为 [0, N] 的整数。K 值越小，表示绩效景观越平缓，局部最优点越少，环境越简单；K 值越大反映了绩效景观越崎岖，局部最优点越多，环境越复杂。

与之类似，March（1991）的双 E 学习模型，假定组织的外部环境是 m 维由 1 与 -1 组成的数组构成的。所有个体被随机分配成 m 维的随机数组，并通过学习和创新来提高绩效，不断地逼近外部环境变量。这也就是相当于在 2^m 空间上树立了唯一的标杆，所有 Agent 的互动不再是陷入局部最优点而是去追求全局最优点。本书的建模将采用 Fang 等（2010）最新的建模技术，将 m/s 引入绩效函数，这将同时满足了 NK 模型的特点而又采用了 March（1991）模型的搜索方法。而假定的唯一的最大峰值就充当了绩效标准的作用，来对两种策略的团队绩效水平进行评价。

所有的 Agent 都将被视为随机的分布在搜索空间上面，组织内部网络和外部目标网络通过两种策略方式：建桥策略和引桥策略来进行连接，Agent 通过不断地向搜索空间上面的标杆来提高自己的绩效：环境数组迈进。依据上述研究基础，本书基于 March（1991）的双 E 学习模型，对领导者的社会网络策略进行建模。

3.5.2 基准模型设计

在完成系统分析与仿真情景描述后，本书将对外部环境、社会网络策略、创新 Agent 的行为与交互策略进行建模。

Agent 行为与交互规则设计如下：基准模型除了包括上述的任务环境设计以外还包括 Agent 的互动结构（网络）建模与 Agent 间的互动规则设计。以往对社会网络的研究显示，大规模的网络将体现出幂率的性质。不失一般性地，本书用偏好连接网络来模拟真实世界中的领导者连接的目标网络，来作为本书仿真模型中 Agent 的交互结构。

网络连接的实现过程体现节点的偏好连接机制，其中心思想是，具有大量连接的节点比那些连接数目少的节点更容易获得增加新节点的机会。其建模规则如下：

（1）增长：始于较少的节点数 M，在每个时间间隔增添一个具有 m（m≤M）条边的新节点，连接到已有的 M 各节点上。

（2）择优：在新节点与老节点的连接时，选中老节点的概率与老节点的度分布成正比。即计算公式为：

$$\pi(k_i) = k_i / \sum_{j}^{N-1} k_j \tag{3-1}$$

式中：k_i 表示节点 i 所具有的度数。

Agent 交互设计将采用 March（1991）经典模型的设计思路：组织成员通过对比任务咨询网络中与自己直接相连的成员的绩效，找到自己规则网络连接中绩效最大的个体（称为邻居），如果自己的绩效大于邻居，则选择探索型创新：随机地改变某一项决策，观察这个新的决策组合的绩效，如果比以往大则接受，小则拒绝；如果自己的绩效比邻居小，则选择模仿——改进型创新。每次决策之前，Agent 都将对两种创新带来的收益进行对比，来选择收益最大的创新类型。在后面的假设验证中，Agent 的行为策略和互动也许会有变化，但是基本的运行流程是不变的。

同时，本书拟定了组织内部网络高管团队的人数和团队的起始任务数量，将两种社会网络的构建策略与网络中的个体 Agent 的知识转移相关联，并构建了相应的增长函数。从而在 March（1991）双 E 模型的基础上构建了领导者社会网络策略对团队任务绩效影响的仿真模型，具体的程序运行流程图如图 3-7 所示。

本书的研究中对仿真模型的设计中涉及对适应度空间、连接网络及 Agent 互动数据的存储和计算，这些计算大都是以矩阵为单位的，因此用 MATLAB 编程非常合适。而且本书的研究中涉及对不同社会网络策略的建模与调用，MATLAB 可以使用 M 文件进行存储和调用，同时还提供了多个子库与工具箱，支持函数嵌套，这对于解决并行决策问题具有无可比拟的优势。

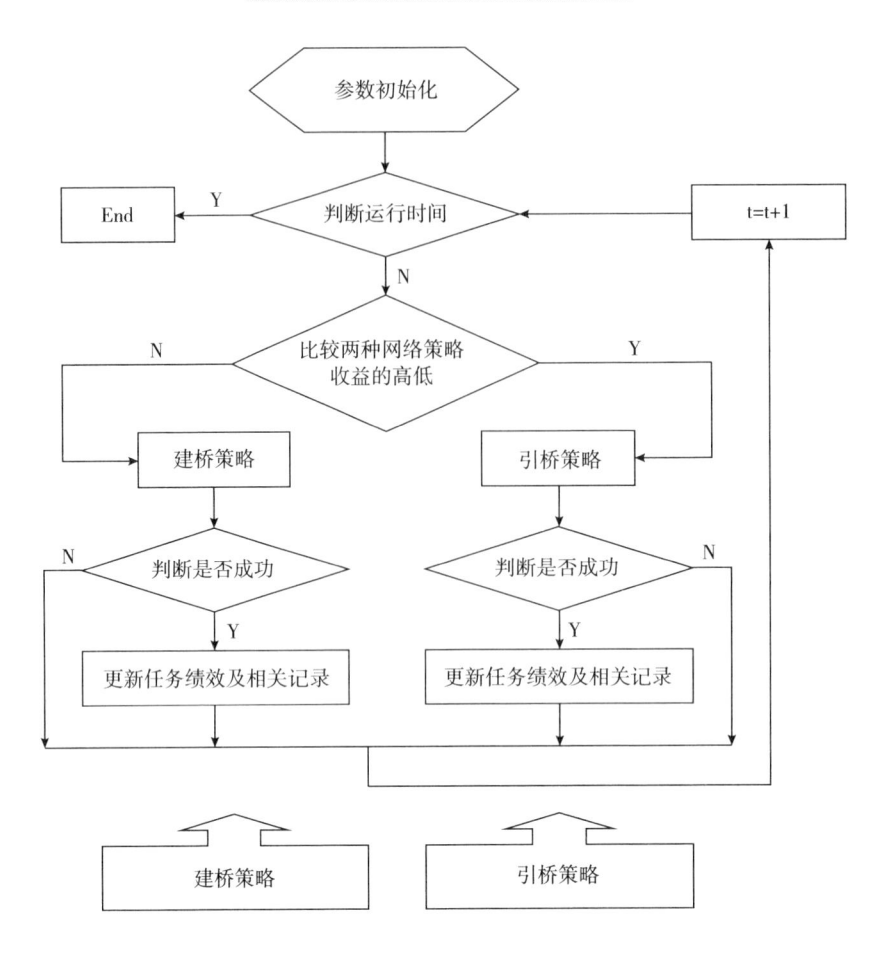

图 3-7　仿真模型的基本运行流程

4 领导者社会网络的构建策略

探究领导者如何构建社会网络，本质上是挖掘领导者社会网络的形成机理，因此不仅需要对已有领导者的社会网络进行扫描，还需要从动态、过程化的视角出发，关注领导者构建社会网络的动机、明确网络构建过程中涉及的对象，以及领导者与不同网络中个体的互动过程，进而来总结和分析领导者构建社会网络的方式，最终归纳得出领导者的网络构建策略。相应的研究逻辑思路如图 4-1 所示。首先，对领导者的社会网络进行扫描，明晰案例中的研究对象都具有哪些社会网络，这些社会网络和其中的个体就是研究涉及的主要对象，这一步是后续研

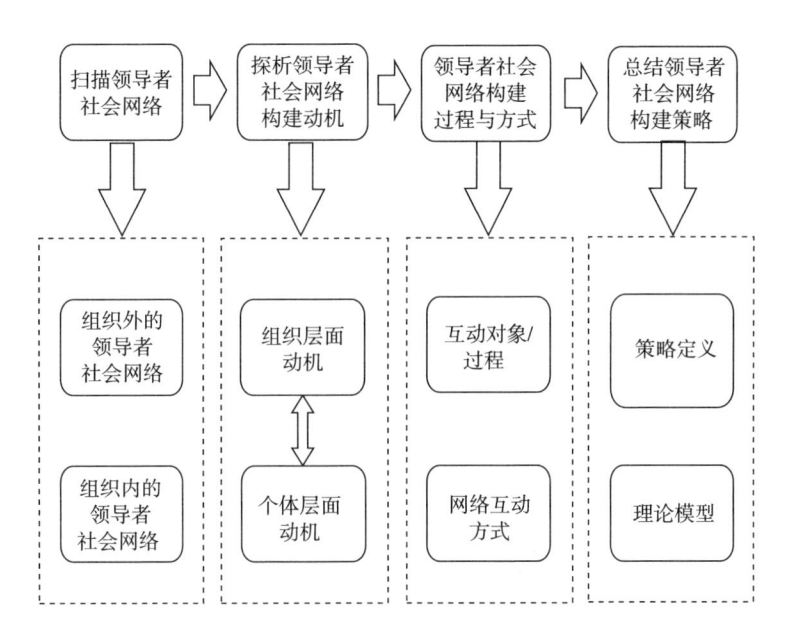

图 4-1 领导者社会网络构建策略的分析过程

究社会网络构建策略的基础；其次，要探求网络构建策略就无法回避领导者构建社会网络的动机，通过网络构建动机的探析，可以帮助我们确定领导者意在构建的目标社会网络主体；再次，通过对领导者与目标社会网络中个体的互动过程进行观察和扫描，以探求领导者的结网方式；最后，基于上述分析过程，总结归纳提炼出领导者构建社会网络的策略。

4.1 领导者社会网络的扫描

要明确领导者社会网络的组成，就需要先明确领导者日常活动中的互动对象，了解互动对象的身份，并由此来确定其代表的社会网络类型。这一逻辑思路追寻了领导者社会网络研究中的通行方式（Butts，2008），即通过访谈资料中展示出的互动对象，来刻画领导者的社会网络，以获得领导者社会网络数据。

基于上述思路，笔者运用已有访谈数据文本、公司内部资料和第三方数据（网络报道、书籍）等分别对案例中的两位领导者日常活动中的互动对象进行扫描。值得关注的是，领导者角色的多样化决定了其互动对象的多元化，研究很难也没有必要穷尽其所有的互动对象（从纵向的历时性数据来看，那将会是一个很难穷尽的清单），因此，笔者重点关注了数据库中领导者互动较为频繁以及对领导者和组织发展有显著影响的事件中出现的互动对象，并由此得到相应的领导者社会网络图谱，如图 4-2 和图 4-3 所示。

通过对两个案例中领导者互动对象的梳理可知，领导者日常活动中互动的对象可以分为两类：组织内部的互动对象和组织外部的互动对象。其中，组织内部的互动对象主要以公司高管为主，如公司的总经理、财务总监、公司的董事/顾问、秘书等，这些对象彼此之间也有互动，组成了组织的内部网络，而作为组织中的领导，通常处于组织内部网络的中心位置。对于领导者组织外部的互动对象而言，则颇为繁杂多样，遍布多个领域，分属于不同的社会网络。在对这些互动对象进行归属分类时发现，领导者组织外部的社会网络包含：①知识网络，其中以学者、教授、咨询公司人员为代表，如研究对象 Y 知识网络中的学者 M，研究对象 X 知识网络中的学者 D，他们普遍在某一领域具有一定的专业知识，构成了领导者背后的一个具有知识属性的智力网络。②政府关系网络，其中以政府工

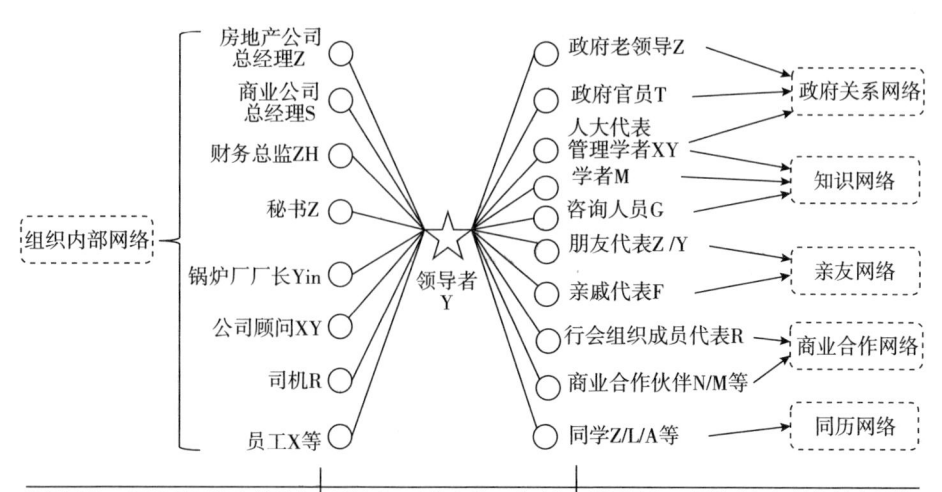

4 领导者社会网络的构建策略

图 4-2 研究对象 Y 的社会网络

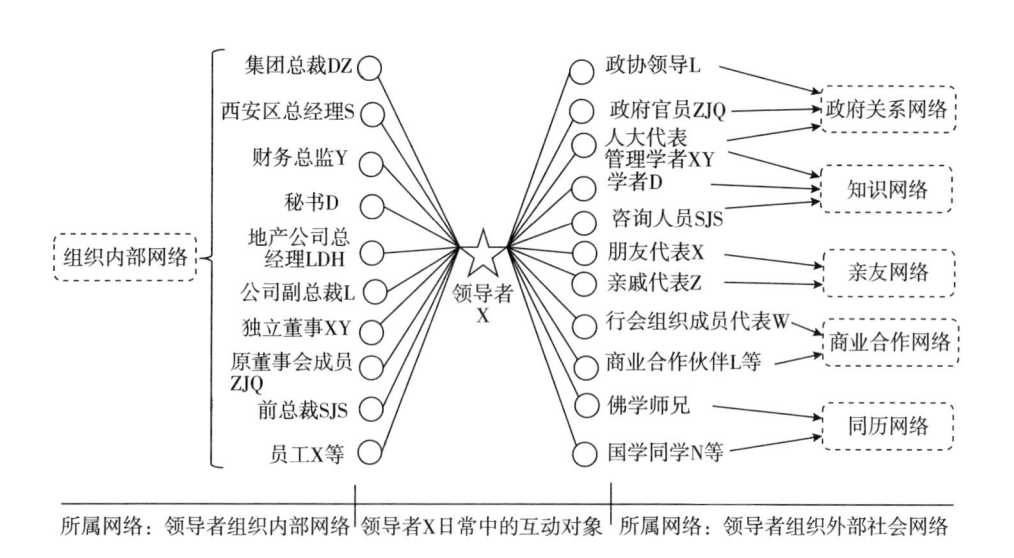

组织内部网络：
- 房地产公司总经理Z
- 商业公司总经理S
- 财务总监ZH
- 秘书Z
- 锅炉厂厂长Yin
- 公司顾问XY
- 司机R
- 员工X等

领导者Y日常中的互动对象：领导者Y

领导者组织外部社会网络：
- 政府老领导Z、政府官员T、人大代表管理学者XY → 政府关系网络
- 学者M、咨询人员G → 知识网络
- 朋友代表Z/Y、亲戚代表F → 亲友网络
- 行会组织成员代表R、商业合作伙伴N/M等 → 商业合作网络
- 同学Z/L/A等 → 同历网络

所属网络：领导者组织内部网络 | 领导者Y日常中的互动对象 | 所属网络：领导者组织外部社会网络

图 4-3 研究对象 X 的社会网络

组织内部网络：
- 集团总裁DZ
- 西安区总经理S
- 财务总监Y
- 秘书D
- 地产公司总经理LDH
- 公司副总裁L
- 独立董事XY
- 原董事会成员ZJQ
- 前总裁SJS
- 员工X等

领导者X日常中的互动对象：领导者X

领导者组织外部社会网络：
- 政协领导L、政府官员ZJQ、人大代表管理学者XY → 政府关系网络
- 学者D、咨询人员SJS → 知识网络
- 朋友代表X、亲戚代表Z → 亲友网络
- 行会组织成员代表W、商业合作伙伴L等 → 商业合作网络
- 佛学师兄、国学同学N等 → 同历网络

所属网络：领导者组织内部网络 | 领导者X日常中的互动对象 | 所属网络：领导者组织外部社会网络

作人员、人大代表和政协委员为代表，案例中两位领导者在日常活动中均与政府关系网络中的个体互动频繁，这些互动对象组成了一个政府关系网络。③商业合作网络，主要指由以业务往来或者在商业行会活动中形成的关系网络，其中以商业伙伴和商会成员为代表，如研究对象 Y 访谈中提及的合作伙伴 R，以及研究对象 X 访谈资料中显示出的商业伙伴 L 等，这些互动对象构成了一个以商业互动为主的关系网络。④亲友网络，其中以相同的兴趣或爱好走到一起的朋友、案例中没有提及如何相识而以朋友相称的人、与研究对象有亲属关系的人为代表，如研究对象 Y 提及在企业应对危机事件中的朋友 Z，研究对象 X 访谈资料中出现的 Z，他们构成了一个具有亲密关系的亲友网络。⑤同历网络，指与领导者有共同经历的人，其中以同学、同事、同乡为代表，如研究对象 Y 访谈数据中的同学 Z 和研究对象 X 中的佛学师兄以及国学班同学等。

在对上述领导者社会网络进行辨识的过程中，笔者发现上述几类社会网络也是动态的，不同类型的社会网络之间也有重叠和互动，典型的如案例中领导者互动的对象具有多重身份时，则互动对象可能同时属于两个社会网络，如两个案例中领导者的互动对象 XY，他既是人大代表，又是管理学者，横跨政府关系网络和知识网络。同时，由于互动的深入和交往过程中的身份转变，不同网络中的个体也会向其他网络转移。比如，商业合作网络中的个体通过长时间的交往，与研究对象成为了朋友。事实上，在领导者网络的研究分类中，由于互动对象的多元化和互动对象身份的多重性很难避免出现网络的重叠，且通常对于领导者社会网络的描述是为研究目的服务的，因此有关分类的排他性要求并不高也不是重点。在确定上述分类之后，在后续的互动对象归类中没有出现新的上述社会网络不能涵盖的类型，因此判定上述有关领导者社会网络的组成已经趋于饱和。综上分析得出，领导者社会网络如图 4-4 所示。

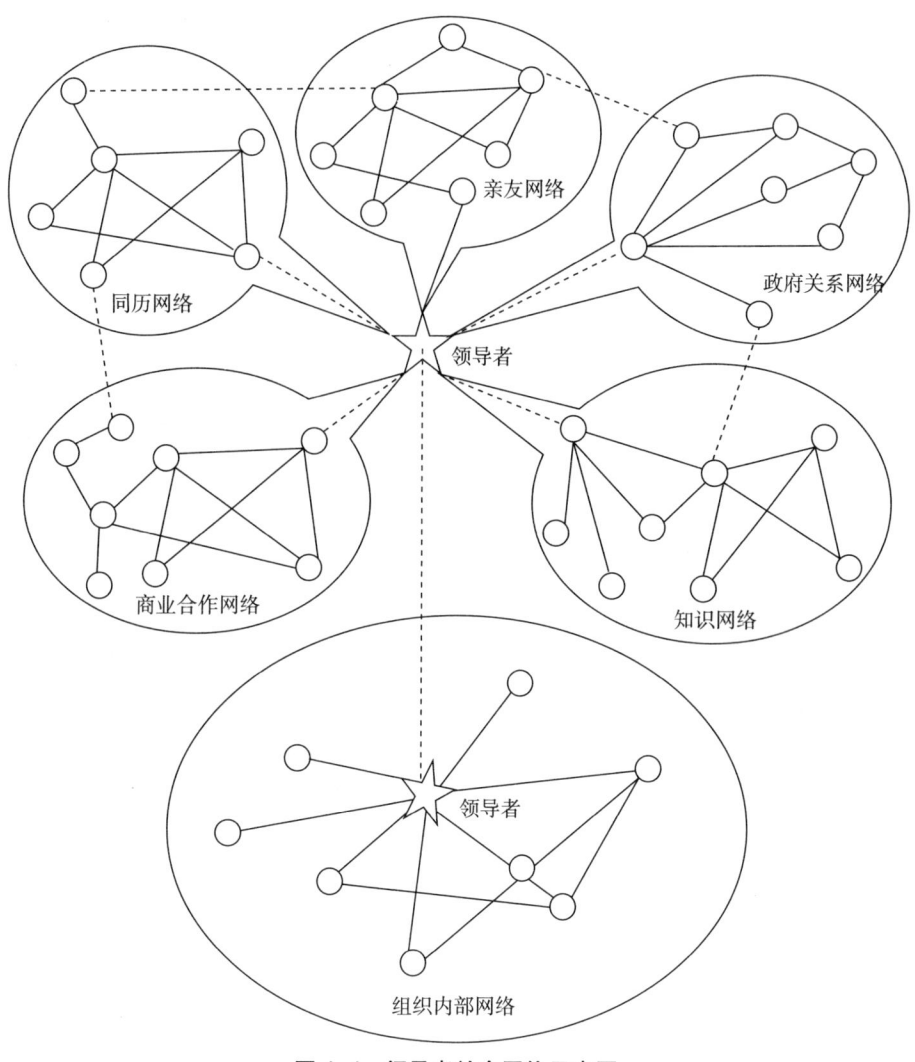

图 4-4 领导者社会网络示意图

4.2 领导者构建社会网络的潜在动因

尽管领导者的社会网络并不一定都是有意识构建的（如亲友网络），但是领导者通常对社会网络的效用有所认知（Balkundi and Kilduff, 2006），因此领导者在构建社会网络上是具有主观能动性的，当领导者社会网络对组织和个人有显著效用时，作为趋利的社会行动个体，无论是基于组织还是个人的需要，都有理由相信领导者有充足的动机去进行社会网络构建活动。而有关动机的研究通常是较为复杂和困难的，因为人的动机通常是内隐而多元的。研究者只能通过客观事件中的外在行为表现、决策来反推行为主体的动因或者基于理论进行预测推断。本节研究一方面基于案例研究数据，从领导者社会网络的效用出发，来反推领导者构建社会网络的潜在动机；另一方面基于已有理论，进行了分析和推断，研究发现和理论分析相辅相成。并且，就形成的研究结论与研究对象进行交流，得到了研究对象的认可。本节的研究逻辑如图4-5所示。领导者构建社会网络的目的可以分为两个层面：一是为了达成组织的某些目标；二是为了达成个人目标。尽管在层面上可以进行这样的区分，但是因为领导者不同于组织中的其他成员，很多时候他既是组织的所有人又是组织的决策者，因此组织层面和个体层面的目标往往是可以融合的，很难也没有必要来刻意区分两者之间的绝对差异，这里分为两个层次仅为论述便利。

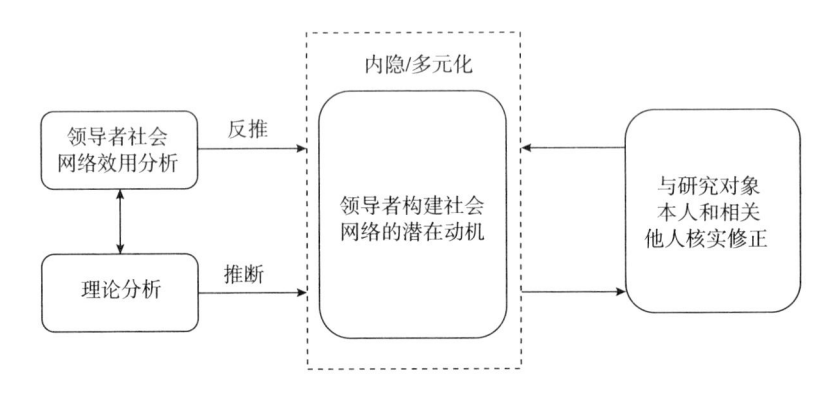

图4-5 领导者构建社会网络动机的研究逻辑

4.2.1 领导者构建社会网络的组织层面潜在动因

领导者社会网络的效用包含两个层面，即对组织的效用和对领导者个人的效用。首先通过领导者社会网络对组织的效用来反推领导者构建社会网络的动因。通过前述研究已知领导者社会网络包含了组织内部网络和组织外部网络。由于领导者组织内部网络伴随着组织成立和发展自然形成，是组织运营的基础和前提，领导者构建组织的内部社会网络的动因问题实质上是一个伪命题或者说并不需要过多的探讨。因此，本部分研究将重点关注领导者组织外部网络的效用，并以此来反推领导者构建社会网络的组织层面潜在动因。

4 领导者社会网络的构建策略

对案例中两位领导者的社会网络进行梳理，发现领导者的社会网络较为丰富，不同的社会网络为组织提供了不同的效用。对于领导者社会网络的效用分析，一方面以企业发展中的重大事件为主要关注焦点，探求领导者社会网络在其中发挥的作用；另一方面基于结构化的访谈问题，直接询问领导者社会网络的效用。具体从研究数据分析可知，领导者社会网络在以下几个方面对组织产生了影响：①领导者在与外部知识网络进行互动的过程中，不但为组织获得了资源、信息和智力支持，同时推动了组织的策略行动实施和组织变革；②案例中两位领导者在与政府关系社会网络互动的过程中，为组织获得了政策信息和合法性支持；③领导者在与商业合作网络进行互动的过程中，为组织获得了资源和信息（商业机会、合同订单）；④领导者在与亲友网络的互动中，一开始可能只是为了进行情感交换，由于情感的生成，后续在组织面对危机或者需要发展时，亲友网络为组织提供了所需的资源和信息，帮助组织度过了危机；⑤领导者在与同历网络的互动中，为组织获取了信息和资源。

以下是访谈数据中呈现的一些典型事例，很好地揭示了领导者社会网络对组织的效用。

4.2.1.1 领导者社会网络为组织提供所需资源示例

第一，在危机中给组织提供财务资源。

示例一：

研究者C：当时企业遇到了困难，您方便说一下当时的困难是什么情况吗？

访谈对象Z：企业没钱了嘛。2004年，盖东二环项目的时候投进去五六个亿。最先建的时候我们想的是卖商铺，在建的过程中我们发现做商业地产应该是只租不卖，但只租不卖在那个阶段应该是蛇吞象，宏观调控，银行不给贷款，碰上这个点了，那你就没钱往下盖了。当时企业遇到了危机，现金流马上就断了。我们都打算将项目转给他人了。

研究者C：最后怎么解决的呢？

访谈对象Z：Y总（研究对象Y）的朋友帮忙了，在最困难的时候肯出钱帮助，那时候银行是贷不到款的。一句话就是几千万。真金白银的过来了。企业也就活过来了。等于说是在最困难的时候帮过他，像我这些老人们还知道，后来的都不清楚。在最困难的时候入股，两个人每人20%。股东多了企业实际上就稳定多了，不管是决策上还是经营上。他们实际上不具体参与公司的经营管理。我们每半年、一年要汇报一下。他们都是董事。过来的时候就聚一聚呀。聊一聊呀。

研究者C：这两个人和Y总什么关系呢？

访谈对象 Z：这两个人是 20 世纪 90 年代就认识的，没有生意关系，就是朋友。Y 董是在北京做家居，拥有顶级家居卖场，Z 董是延安的，修公路的。Y 总朋友圈子广，客观上也帮我们企业解决了不少问题。

资料来源：文本 Y-TM-Z。

示例二：

研究者 C：公司遇到过什么危机吗？又是如何应对的？

访谈对象 D：遇到过，就是 2008 年，金融危机嘛，因为当时房地产两个项目在建，然后又在苏州太仓那边投了一个生产基地，所以三个项目投下去以后，资金链就非常紧张，资金流就要断了，银行贷不出来款，在这种情况下，就是开始融资嘛，融资都是朋友借的，帮忙筹集的。还有就是朋友帮着想办法卖房子啊，回笼资金嘛。有的朋友直接以个人名义买房子了，可能有些人买一套，还有一次性买个十套、八套的。

资料来源：文本 X-TM-D。

从以上示例中，我们可以看出领导者的亲友网络在组织面对危机时，为组织提供了财务资源，进而帮助企业度过危机。

第二，政府关系网络为组织提供政策信息（合法性）。

研究者 C：您怎么看待企业家的圈子，它对公司会有怎样的影响？

研究对象 Y：企业家也要面对国情嘛。很多时候你正常走程序，要不不懂流程，要么办理时间太长，等办好后，商业机会都错过了。我给你说一个例子。几年前，我们得知一个商业地产的项目，挺好的。但是相应的资质审批长时间没办下来，我们企业里的员工跑了好几次，都不行。后来我找到了原来单位（政府）的老领导 Z 咨询相关事宜，找到了问题所在，也就解决了。

资料来源：文本 Y-Y。

从上面示例中可以看出领导者的政府关系网络给组织提供了政策信息和合法性支持。类似的示例还有很多，可以看到领导者的社会网络给组织提供了财务、人力资源，商业机会和政策信息以及智力支持等。

4.2.1.2　领导者社会网络推动组织战略行动示例

第一，构建组织科学决策体系。

以前我们决策就拍脑袋，Y 总一个人说了算。后来他出去学习，和学者、教授聊得也多，就开始意识到这样不行，便号召我们要科学决策了。他还请老师回来给我们讲科学决策方法，我们也觉得确实挺有用的。现在我们决策都要有依据，要能够支撑你的投资理由，我们才做。

4 领导者社会网络的构建策略

资料来源：文本 Y-TM-Z。

第二，推动组织改革。

咨询公司和 XY 老师都建议公司进行改革，他们对公司股改提了很多想法。因为 X 总和公司里的人也不懂怎么弄，公司整个股改过程中聘请了 J 大学管理学的教授参加，XY 老师在其间提供了很多宝贵的意见。同时也聘请了咨询公司提供设计方案。这些人的参与推动了企业股份制改革的进程，最终完成了公司的股份制改革。

资料来源：文本 X-TM-D；文本 X-TM-L；文本 X-TM-D5BY。

从以上示例可知，领导者的社会网络推动了组织战略行动的实施，相应的示例还表明领导者社会网络对组织构建学习型组织文化、规范化制度建设等组织战略活动有推动作用。上述示例编码如表 4-1 所示。

表 4-1 领导者社会网络对组织效用的编码

所属社会网络	代表人物	影响作用（编码）	编码数据
知识网络	教授 学者 咨询团队	提供决策建议	①那时 X 老师经常在决策分析会上给我们提供参考意见（Y-TM-S） ②每逢重大经营决策分析会，我都会去参加（X/Y-XY） ③我最近刚和 X 老师见过面，听他对时下投资环境的看法（Y-Y） ④X 老师的几次重大经营决策都看对了（Y-TM-Z） ⑤X 老师和他（X）认识的一些教授也会给公司提经营建议（X-TM-L）
		智力支持	①茅于轼老师的财富创新观给我很大启发（Y-Y） ②我觉得 XY 老师对他的管理理念和管理知识帮助很大（Y-TM-Z）
		推动组织变革和战略实施 1. 组织所有权变革 2. 构建科学决策体系 3. 规范化制度建设 4. 构建学习型文化	①咨询公司和 X 老师都建议公司进行改革，他们对公司股改提了很多想法(X-TM-D;X-TM-L; X-TM-D5BY) ②他经常和那些学者、教授聊天，也去上课，在外面学习完回来就让我们学习，还在公司成立了学习小组，号召大家看书（Y-TM-S；Y-TM-Z） ③Y 总好像和咨询公司的人很聊得来，就像朋友一样。咨询公司来了几次，公司便开始重视制度建设，帮着我们走向规范化（Y-TM-J） ④以前我们决策就拍脑袋，Y 总一个人说了算。后来他出去学习，和学者、教授聊得也多，就开始意识到这样不行，号召我们要科学决策。他还请老师回来给我们讲科学决策方法，我们也觉得确实挺有用的。现在我们决策都要有依据，要能够支撑你的投资理由，我们才做（X-TM-Z）

续表

所属社会网络	代表人物	影响作用（编码）	编码数据
政府关系网络	人大代表 政协委员	提供政策信息 确保合法性	①我当人大代表好几年了，每年都会提议案，大家在一起交流，也是相互学习的过程（Y-Y） ②他和一些政府官员都认识，当人大代表后也会有接触的机会，有时候政府也会主动找我们谈项目，像城中村改造（Y-TM-S） ③他和很多政府官员也都是朋友，他是政协委员，大家总有机会见面，政府也觉得我们公司做得不错，这些年公司也拿了不少荣誉（X-TM-L）
商业合作网络	商业伙伴 商业行会成员	商业机会 组织资源	①有些做过生意的伙伴，后来也成了朋友，我们最早开始做房地产，就是和以前的客户一起做的（YA-Y） ②商业行会里的成员彼此帮忙、互相学习，他们帮过我们，我们也帮过他们（Y-Y） ③坦率地说，公司的行业内排名也是需要跑关系的，没有同业行会里的朋友支持，肯定是不行的（X-TM-D）
亲友网络	亲属由兴趣和爱好等原因相识的人	货币资源 信息 危机应对	①金融危机的时候，公司的现金流就要断了，是X总的朋友们提供的资金，当时银行很难贷到钱了（X-TM-D） ②盖这楼的时候，合作方因为国家政策改变必须撤款，公司的资金链断了，是Y总北京的朋友出钱救急，要不公司就垮掉了（Y-TM-Z） ③Y总朋友多，信息很灵通，接到项目信息，我们再去考察，往往都不差（Y-TM-S）
同历网络	同学 同志 同乡	人力资源 信息	①当时公司缺财务人才，Y总的同学就推荐人过来了，有这层关系，相对放心些，后来他同学也过来帮忙（Y-TM-J） ②Y总说他需要人手，我想去哪里都是干，我们又是同学，就过来帮他了，当时公司财务制度不完善，过来后一点点建立起来的（Y-F-Z） ③我在政府里工作过，现在的一些领导就是我以前的同事，大家偶尔也聊些事情，投资环境呀，政府政策法规呀（Y-Y） ④当时他国学班的同学，直接就在公司订了好几百套的货，像这样的类似订单，公司也拿了不少（X-TM-D5BY）

基于以上的分析，领导者社会网络对组织的效用逐渐明晰。领导者通过与不同的社会网络进行互动，一方面，组织获得了财务和人力资源，得到了商业机会、政策信息和组织合法性，同时，领导者的社会网络还为组织提供了智力支

持,帮助组织提高决策质量;另一方面,领导者与社会网络的互动推动了组织的变革和战略实施。这主要体现在两个方面:一是领导者与社会网络的互动改变了领导者的认知,领导者意识到组织运营存在可改进的空间,进而促使组织产生了变革的动机;二是领导者的社会网络为组织提供了资源支持,进而可以支撑组织进行变革。领导者社会网络通过给组织提供资源和推动组织进行变革与战略实施,进而帮助组织获得竞争优势,度过组织危机。具体模型如图4-6所示。

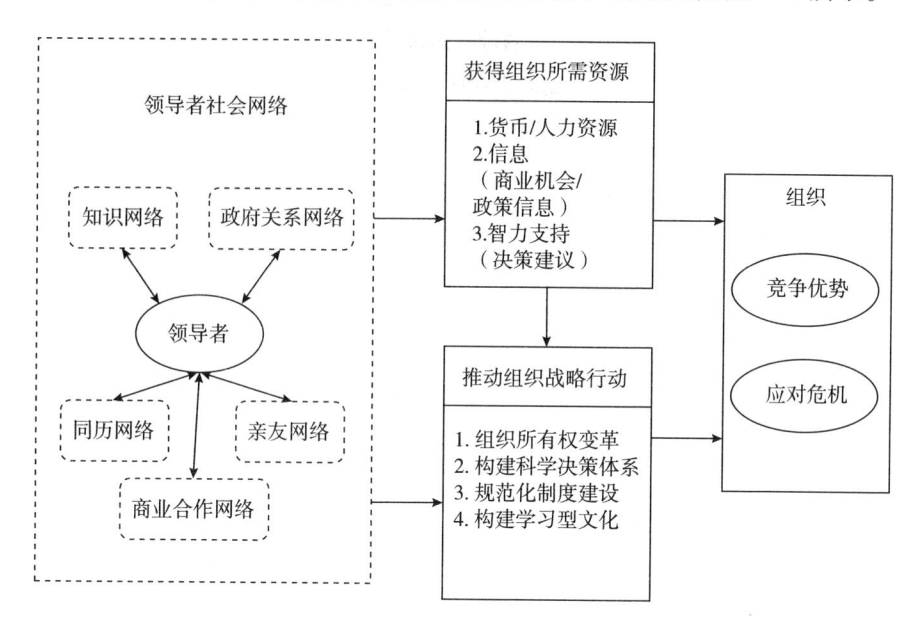

图 4-6 领导者社会网络效用模型

综上分析可知,领导者构建社会网络的组织层面动因是为了获得组织所需的资源,推动组织战略行动。

4.2.2 领导者构建社会网络的个体层面潜在动因

领导者出于个体层面原因构建社会网络主要表现在以下三个方面:第一,领导者的社会网络可以影响领导者的权力和声誉;第二,领导者社会网络可以影响领导者的自我成长;第三,领导者有人际交往和情感交流的需求。上述三个动因在已有理论和研究案例中均有所体现。

4.2.2.1 领导者可以通过社会网络构建获得权力和声誉

资源依赖理论和社会交换理论认为领导者的权力来源于对资源和信息的掌控(Emerson,1962;Pfeffer and Salancik 1978),而领导者的社会网络蕴含着大量的资源和信息，领导者通过构建社会网络，可以获取对组织具有重要意义的资源和信息，进而提升其对组织内资源的控制能力，增加组织中其他成员对领导者的依赖，而那些可以为组织和员工提供资源和信息的人通常会获得更多的组织权力。因此领导者在个体层面构建社会网络的潜在动因之一是获得权力。

领导者通过构建社会网络可以获得声誉，源于以下三条路径：第一，领导者构建社会网络在本质上扩大了自己的交际活动圈，即在更大范围内获得了知名度；第二，当领导者的社会网络丰富且具有较多资源时，他人会认为领导者本人具有更大的影响力；第三，领导者通过构建社会网络直接获得荣誉。研究案例中很好地呈现了这一结论。

Y：社交圈广不光对企业，对我个人也有影响。只是对企业的影响是直接的，对我个人而言可能是间接的。那么这个圈子给我带来的价值是什么？其实是不固定的，时间不固定，什么时候带来不知道，因为你不是为了创造你个人的价值、获得财富才进入这个圈子的，而是为了这个企业。但是无形当中我也从中获益了，你比方讲，我当晋商商会的会长，那社会知名度就提高了，大家就认可，认为这人不错，受欢迎啊，这就是你的收获。

资料来源：文本Y-Y。

4.2.2.2 领导者可以通过社会网络构建提升领导力

这里指的领导力主要是领导者的知识和能力。领导者在与社会网络中的个体进行互动的过程中，不可避免地会受到其社会网络的影响，领导者社会网络作为其了解社会和学习的重要信息渠道，客观上影响了领导者的知识来源和认知范围。如表4-1中数据表明，领导者的知识网络给领导者提供了智力支持，有关组织运营的管理建议；商业合作网络中的伙伴彼此分享商业运营的经验和管理理念。领导者在与这些网络中的个体进行互动的过程中不断学习，进而提升了自己的知识水平和能力水平，提高了领导力。以下示例很好地体现了领导者社会网络对领导者领导力的影响。

XY老师和M老师对我影响挺大的，与他们交流我也进步了。他们总是强调做决策不能靠拍脑袋，不能我一个人说怎样就怎样，要有逻辑和依据。以前都没意识到，自己想怎么做就做了，现在我要做一个项目，就会跟公司说清楚逻辑和依据，还要说投资回报以及为什么要做。整个管理层同意了，我们才做。我也把上课和从管理咨询公司那里学习到的知识传播到公司里面来，如成本分析法和专家意见法，现在我们都在用。

资料来源：文本Y-Y。

以前我脾气特别暴，几句话不合就开始骂人了。XY老师就说要改变L公司先改变你自己。后面也和一些商业里的朋友互相分享经验，都说要多激励、多表扬。我也发现骂没用，不能解决问题。就是确实员工做得不好了，也还是要尝试多激励，后来实践还真是那么回事。我们公司以前迟到都是扣钱和批评，现在就改成迟到就给慈善事业捐款，全勤我们有奖励。以前员工都怕我，现在好多了。

资料来源：文本Y-Y；文本Y-TM-Z。

从上面的示例中可知，研究对象Y通过与管理学者XY和M相识，以及不断与咨询公司人员的互动，使自己意识到自身认知的局限和能力的不足，并开始反思，参与EMBA和MBA学习。在访谈中多名受访对象以及研究对象Y本人都表示，以XY为代表的知识社会网络对其自控能力、眼界和管理知识的提升起到了很大的帮助。综上可知，领导者在个体层面构建社会网络的潜在动因之一是提升领导力。

4.2.2.3 领导者有社会交际和情感交流的需要

除去基于功利性目的来构建社会网络之外，领导者作为社会群体中的一员，也有情感交流和社会交际的需要（Maslow et al., 1970）。领导者基于情感交流和社会交往的需要（如因兴趣爱好而走进新的社团和圈子），也会主动与新的社会网络中的个体相识交往。这种交往最初可能是不带功利性的，仅仅是由于情感交流的需要。比如，领导者的亲友网络，尤其是领导者走向领导岗位之前形成的朋友网络这一特征更加明显。但是不得不承认功利性动机与情感性动机大多数时候是融合在一起彼此交织的。即使一开始是基于功利性动机结识的社会网络个体，也可能基于长期的交往成为朋友，在后续的交往中往往就包含了功利和情感的双重动因。

综上所述，总结归纳如图4-7所示。领导者构建社会网络的动因涵盖两个层面：在组织层面上，领导者构建社会网络的动因源于社会网络可以潜在地给组织提供所需资源，并且有助于推动实施组织的战略行动；在个体层面上，领导者通过构建社会网络可以获得权力、声誉，提升领导力。除此之外，领导者可能处于情感和社交需求来构建社会网络。对于领导者构建社会网络潜在动因的分析结果，笔者在后续对研究对象的回访中与研究对象进行了核对，得到了研究对象的认可。

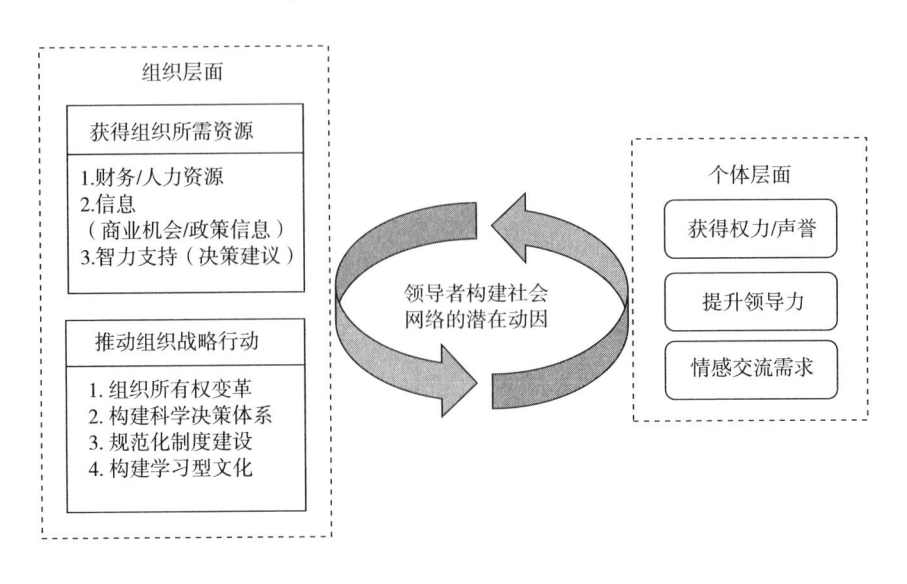

```
┌─────────────────────────────────────┐
│ 组织层面                             │
│ ┌─────────────────────┐              │
│ │ 获得组织所需资源      │              │
│ │ 1.财务/人力资源       │              │
│ │ 2.信息               │   ⟲          │   ┌──────────────┐
│ │ (商业机会/政策信息)   │              │   │ 个体层面      │
│ │ 3.智力支持(决策建议)  │              │   │ ┌──────────┐ │
│ └─────────────────────┘  领导者构建社会 │   │ │获得权力/声誉│ │
│ ┌─────────────────────┐  网络的潜在动因 │   │ └──────────┘ │
│ │ 推动组织战略行动      │              │   │ ┌──────────┐ │
│ │ 1.组织所有权变革      │   ⟲          │   │ │提升领导力  │ │
│ │ 2.构建科学决策体系    │              │   │ └──────────┘ │
│ │ 3.规范化制度建设      │              │   │ ┌──────────┐ │
│ │ 4.构建学习型文化      │              │   │ │情感交流需求│ │
│ └─────────────────────┘              │   │ └──────────┘ │
└─────────────────────────────────────┘   └──────────────┘
```

图 4-7　领导者构建社会网络的潜在动因

4.3　领导者构建社会网络的互动过程与方式

通过上面的分析可知，领导者有充足的潜在动因来主动构建社会网络，而这些社会网络通常具有一定的潜在资源或者对组织或领导者个人有重要的影响作用，可将这样的社会网络称为目标社会网络。而要探究领导者如何构建社会网络，还需要关注领导者构建社会网络的互动过程和方式。领导者构建社会网络的过程本质上是领导者与目标社会网络中的个体的结识过程，因此需要考察领导者是如何与其社会网络中的个体相结识的，又是如何互动的。笔者以领导者社会网络中的典型代表为切入点，确定两位研究对象各类社会网络中的典型代表。这里社会网络中的代表指那些不但具有该类社会网络的典型网络属性特征，还与领导者互动密切的个体。研究中还发现领导者与社会网络中互动最为频繁的个体，往往也是该类网络中领导者最先结识的人。以下几个示例很好地展示了两位研究对象构建目标社会网络的过程。

XY 老师是著名的管理学者，是研究对象 X 和 Y 知识网络中的代表，其在管理研究和管理实践中均负有盛名，以下是两位研究对象与 XY 相识的历程：

XY：我与他们相识的过程并不复杂。X 原来是在汉中做事情，后来他要在

4 领导者社会网络的构建策略

西安开展业务。他来到西安一年多以后,想让公司在西安迅速发展扩张和提升。他通过XX,那个人已经去世了,两个人到我家里来找我,希望能给他们企业做一个发展上的咨询和顾问。所以我等于是由于一个党校的老先生,结识了X。我觉得X从一个只有四五年级文化的人做到现在的成就是值得帮助的,他也是一个真诚的人。这就是很简单,就是他们慕名而来,我也觉得他们还可以就做了。后来就聘请我作为顾问,他的总经理办公会、董事办公会我都会参加。为了支持X,在他股改的时候我曾经买了一些股票。我当时也没多少钱,但还是买了他的股票。我那个股票现在还在呢。

研究对象Y就更有意思了,因为他也是交大毕业的。他当时是企业发展遇到了最大的瓶颈,就是他认为跟他一起创业的人已经跟不上他的思维了。他经常跟我说,跟我描述,他说他就像打仗一样,他是将军,冲到第一线,回头一看我的队伍还不知道在哪儿呢。就是在这种情况下,他说能不能让我们给他组建一个团队,开始咨询。就这么简单,然后我们就开始咨询,最后我说你们公司的问题95%是你的问题。我说你要改变企业,必须先要改变自己。Y总这里我也是以顾问的身份加入的。我不一定每个会都会参加,但是他有重要的会时都会邀请我。他历史上有三个重要决策,都和我的意见不一致,最后也都没有接受我的意见,结果就是摔了三个大跟头。

资料来源:文本XY-C-XY。

从上述资料中可知,XY是两名研究对象外部知识网络的代表,两者均是在企业发展遇到困难,自身能力和知识无法解决时,主动找到XY,并聘请XY作为顾问,引入所在组织内部,成为组织内部网络中的一员。两名研究对象在后期均与XY频繁互动。事实上,因为与XY的相识,两位研究对象还认识了其他的管理学者和咨询人员,两位研究对象与XY的互动过程,本质上就是在构建一个外部知识网络,而其采用的方式是将外部知识网络中的代表XY引入组织内部网络。

同样对于知识网络而言,研究对象Y还通过主动参加EMBA和MBA班(中欧国际和上海交大安泰管理学院)的学习、各类总裁学习班,主动加入一些知识网络,并由此与网络中的学者、教授相识,进而来构建自己的知识网络。

在政府关系网络的构建上,两位研究对象均采用了自己主动加入政府关系网络的方式,将组织与政府关系网络紧密地关联起来。同时,在企业运营的早期,研究对象X还聘请了具有政府背景的JQ加入企业,担任企业的副总经理,JQ在X所在企业任职多年,时至今日仍为公司的董事。

在商业合作网络方面,两位研究对象均在商业行会担任要职,研究对象Y是当地晋商行会的会长，研究对象 X 曾是当地行业协会的秘书长，两位领导者均采用主动加入商业行会组织的方式与更多的商业合作伙伴相识，并主动构建商业合作网络。同时我们也发现研究对象 Y 也通过将商业行会成员引入组织当顾问的方式与行业知名领导者 R 互动频繁，并最终进入行业组织（中城联盟）的事例。

相应类似事例还有很多，通过编码和分析，对领导者构建社会网络的方式进行了总结，具体如表4-2所示。通过上面的示例可知，领导者构建社会网络本质是将蕴含重要资源或者对组织发展具有重要效用的目标网络与组织内部网络相关联，在具体表现形式上有两种：一种是领导者通过与目标网络中的个体互动，走进目标网络成为目标网络中的一员；另一种是领导者将目标网络中的个体引入组织内部网络，成为组织内部网络成员，从而使组织和目标网络发生关联，成功地构建社会网络。

4.4 领导者构建社会网络的两种策略

基于研究案例发现，领导者出于不同的结网目的，会与不同类型社会网络中的人相识，通过对领导者构建社会网络的动因和互动方式的分析和归纳总结，发现领导者构建社会网络的策略上大体可以分为两种：一种是将目标网络中的典型代表引入组织内部网络，成为公司的一员（高管、股东等）或者以顾问、董事等身份进入公司，进而将其所在网络的知识、信息、资源带入组织内部；另一种是领导者通过自己的努力进入目标网络的群体中，通过学习、交流成为目标网络群体中的一员，进而将目标网络中具有的知识、信息、资源带入组织内部，典型的如领导者以人大代表、政协委员的身份进入政府关系网络或者通过参加商业协会活动，在所在行业协会任职等。具体数据如表4-2所示。

表4-2 领导者构建社会网络策略数据示例

研究对象	目标网络及其代表人物	构建社会网络方式示例	社会网络构建策略类型
Y	商业合作网络（国内地产领军人物代表R/中城联盟网络代表）	Y与R互动频繁，成为好友，主动加入该组织，并逐渐成为中城联盟中的活跃成员	建桥策略

4 领导者社会网络的构建策略

续表

研究对象	目标网络及其代表人物	构建社会网络方式示例	社会网络构建策略类型
Y	政府关系网络（政府官员T）	Y作为人大代表，与之相识，成为同事/朋友	建桥策略
Y	商业合作网络（商业合作伙伴N）	Y进入晋商行会后与之相识	建桥策略
Y	知识网络（高级咨询从业人员B）	Y在EMBA班学习，与之相识，成为朋友	建桥策略
Y	知识网络（著名经济学者M）	Y慕名参加有其参与的学习班，主动与之互动，相识成为朋友	建桥策略
Y	商业合作网络（行业协会伙伴W）	Y通过进入锅炉行业协会与之相识	建桥策略
Y	知识网络（XY老师：管理学者/人大代表）	同为人大代表，与之相识，Y邀请XY成为L集团的顾问	引桥策略
Y	同历网络（财务技术人才Z）	Y与其是中学同学，将其引入公司作为财务经理	引桥策略
Y	知识网络（高管L：职业经理人）	Y通过他人与之相识，将其引入公司作为总经理	引桥策略
Y	知识网络（秘书J：咨询人员）	Y通过咨询项目与其相识，认可她的能力，将其引入公司作为自己的秘书	引桥策略
X	知识网络（管理人才S）	X通过咨询项目与其相识，引入公司作为高管	引桥策略
X	知识网络与政府关系网络（管理人才JQ/原政府官员）	因公司管理和发展需要，X将其引入公司做高管，并成为股东	引桥策略
X	知识网络（XY老师：管理学者/人大代表）	通过他人求教管理问题，X邀请XY成为w集团的顾问/股东	引桥策略
X	知识网络（高级咨询从业人员A）	通过X高薪聘请，引进公司做高管	引桥策略
X	商业合作网络（商业合作伙伴L）	X进入服饰行业协会与之相识	建桥策略
X	政府关系网络（政府官员Z）	X作为政协委员，与之相识，成为同事/朋友	建桥策略

基于上述分析，领导者构建社会网络的两种策略方式，可称为建桥型策略和引桥型策略。其中，建桥型策略是指领导者自己作为连接组织内部网络和目标社

会网络的"桥",占据结构洞位置,领导者成为目标社会网络中的一员,以此来搭建新的社会网络,获取资源的策略,如图4-8所示;而引桥型策略是指领导者自己不作为"桥",从目标社会网络中引进人员进入组织内部网络,这一被引入的新成员作为连接两个网络的"桥",占据结构洞位置,以此来获取资源的策略,如图4-9所示。基于案例分析和以上分析总结,将两种策略的定义、理论特征和管理实践表征进行归纳,具体如表4-3所示。

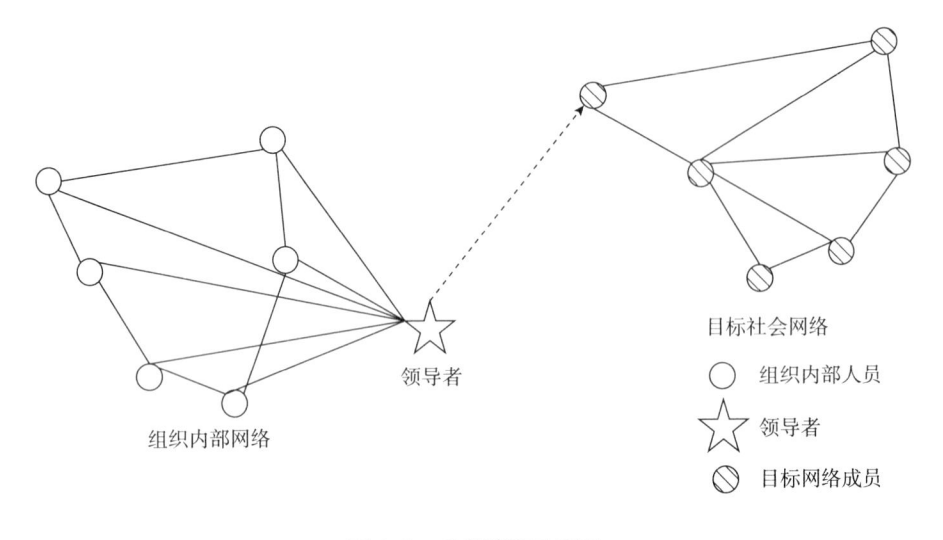

图4-8 建桥策略示意图

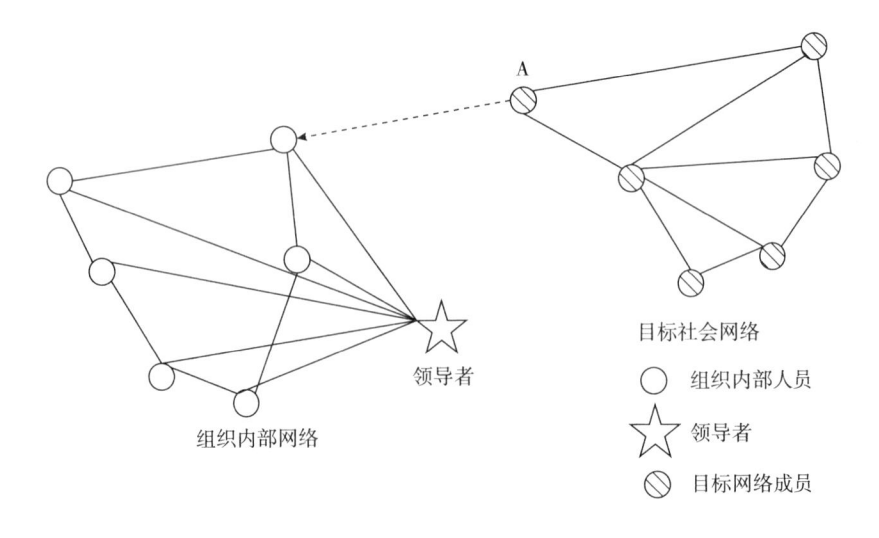

图4-9 引桥策略示意图

4 领导者社会网络的构建策略

表 4-3　领导者构建社会网络的两种策略

策略名称	定义	理论特征	管理实践表征
建桥策略	领导者自己作为连接组织内部网络和目标社会网络的"桥",领导者成为目标社会网络中的一员,占据结构洞位置,以此来搭建新的社会网络,获取资源的策略	领导者成为连接两个网络的"桥"并占据结构洞位置	企业家去当人大代表/政协委员; 在行业协会担任职务; 参加商会组织; 参加 EMBA 学习班
引桥策略	领导者自己不作为"桥",从目标社会网络中引进人员进入组织内部网络,这一被引入的新成员作为连接两个网络的"桥",占据结构洞位置,以此来获取资源的策略	引入目标网络的新成员成为连接两个网络的"桥",占据结构洞位置	聘请外部人员作为公司顾问; 聘请学者作为公司的独立董事

4.5　本章小结

本章首先通过对领导者互动对象的扫描,明确了领导者的社会网络主要涵盖组织内部网络和组织外部网络,其中组织外部网络包括政府关系网络、知识网络、商业合作网络、同历网络和亲友网络;其次分别从组织和领导者个体层面分析了领导者构建社会网络的潜在动因;再次在研究领导者构建社会网络的过程中,发现领导者构建社会网络的本质是将目标网络与组织内部网络相连接,并存在两种不同的连接方式;最后基于上述的研究分析,提出了领导者构建社会网络的两种策略:建桥策略和引桥策略,并归纳了两种策略的内涵、理论特征和实践表征。

5 领导者社会网络构建策略的选择

本章主要涵盖了两部分主体内容：一是影响领导者社会网络构建策略选择的影响因素研究以及这些因素与领导者社会网络选择偏好之间关系命题假设的提出；二是相关命题假设的检验。首先，在案例研究的基础上，结合领导者社会网络中的相关理论，对影响领导者社会网络构建策略的影响因素进行发掘；其次，基于案例中两位研究对象在构建策略选择偏好上的差异以及相关影响因素之间的对比，结合相关理论分析，提出影响因素与领导者社会网络选择偏好之间关系的命题假设。在影响因素发掘和命题假设提出的过程中，案例研究发现与理论分析相辅相成，一方面，通过对案例数据的分析，发现领导者个体特质与组织情境是影响领导者社会网络构建策略选择的重要影响因素，并且存在潜在的影响关系；另一方面，在影响因素发掘和命题假设的提出中，结合了领导者社会网络的现有研究成果和相关理论，为网络策略影响因素的剖析和假设命题的提出提供了依据。在此基础之上，对提出的命题假设进行了检验。本章的研究逻辑框架如图 5-1 所示。

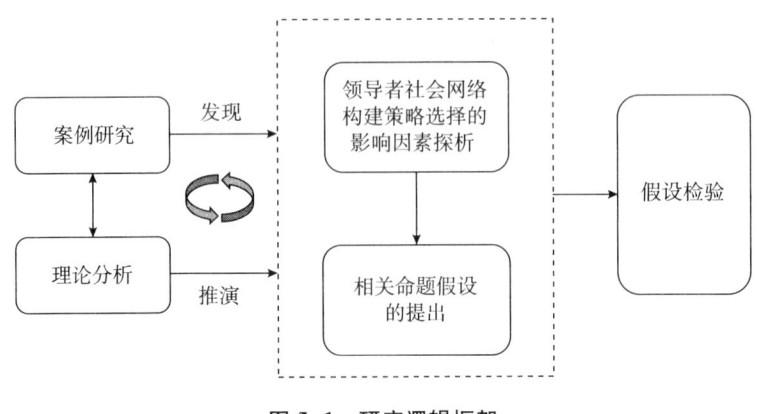

图 5-1 研究逻辑框架

5.1 影响领导者社会网络构建策略选择的因素以及相关命题假设的提出

前述研究发现领导者具有两种不同的社会网络构建策略，那么哪些因素影响了领导者对社会网络策略的选择呢？在对影响因素的探究过程中，一方面通过对已经收集的案例数据进行深入分析，探析影响领导者社会网络构建策略选择偏好的因素；另一方面有针对性地设计了访谈提纲，对研究案例中的访谈对象进行回访，在核对已收集信息的同时，聚焦收集与此问题相关的数据。整体因素的发掘分析，严格遵循数据的客观呈现，并结合理论分析提出命题假设。在对数据的分析中发现，影响领导者构建社会网络策略选择的因素可以分为两类：个体特质因素和组织情境因素。下面就这两类因素分别加以讨论。

5.1.1 个体特质对领导者社会网络构建策略选择的影响

很多学者倡导应该考虑在社会网络研究中把网络结构与形成这样结构的个体属性特征结合起来，这也是社会网络研究"后结构主义"取向的主要观点，本书秉承了这样的研究思路，认为领导者稳定的人格特质将导致其在个体网络构建与机会利用上的差异，具体表现在：第一，不同人格特质的个体由于交往能力的差异将发展出不同的社会网络构建策略偏好；第二，人格特质的差异也将体现在个体在构建社会网络能力和构建社会网络主观意愿上的差别，这两方面都将导致具有不同个体特质的领导者可能使用不同类型的社会网络建构策略。

领导者的个体特质是指相对稳定和连贯的个体特征综合体，能够在不同的群体和组织情境中形成一贯的领导绩效模式。广义的领导者特质涵盖了个性、性情、动机、认知能力、技能以及专长等，在一定范围内，可以反映出个体的差异，并且会对领导者的行为和领导的有效性产生影响（约翰·安东纳基斯，2011）。领导者社会网络构建策略作为一种行为选择自然也会受到领导者个性的影响，这样的启示在前期的研究案例中也得到了体现。因此，笔者将领导者特质作为一个重点关注因素，纳入研究。

在管理研究中对于领导者特质的挖掘，通常有三种方式：一是根据已有的成熟量表，由被研究对象自己进行问卷填写，然后依据问卷量表的测度得分作为衡量领导者该项特质的水平；二是组织与被研究对象密切相关的人依据成熟量表的各个题项对他/她所认知的领导者进行评分,并将此作为衡量领导者该项特质的水平;三是依据领导者在日常管理生活中各类事件的文本分析和研究者的观察,与所关注的领导者特质的定义和释义进行比对,以此作为领导者特质挖掘的方法。通常依据不同的研究方法和可行性,对上述方法进行选择。为了保证数据的客观性,本章综合使用了以上三种方法对案例中的领导者特质进行测量,并对测量结果进行交互验证。

领导者具有的个体特质是多样的,本章旨在挖掘那些可能对领导者社会网络构建策略产生影响的领导者特质。这不仅需要明晰具体的领导者特质内容,还需要关注其与社会网络构建策略之间的潜在关联性。为此,笔者首先从社会网络构建策略的定义出发,既然领导者社会网络的构建策略差异主要体现为组织内部网络与目标网络之间连接方式的不同,那么那些对领导者社会网络产生影响的领导者特质就可能对领导者社会网络策略选择产生影响,因此可以通过已有领导者社会网络的研究进行回顾,重点聚焦可以影响领导者社会网络的个体特质;其次在案例研究的过程中,笔者通过直接观察和研究数据分析发现,两位研究对象在社会网络构建意愿和能力上具有差异,同时二者在网络构建策略选择的偏好上也有不同,因此进一步聚焦在这两个维度之内进行领导者特质的发掘;最后基于研究案例数据的编码分析,通过逐级编码,并与已有理论进行比对聚焦,笔者发现数据中反映出研究对象与构建网络策略选择相关的领导者特质包括自我效能感和自我监控,数据编码之后得到的聚焦内容与上述两类领导者特质的维度内容相符。

具体的编码数据如表5-1和表5-2所示。之后,鉴于自我效能和自我监控是两个较为被广为认可的领导者特质,已发展出成熟的研究量表。为提高研究数据的质量和研究效度,本章采用量表的方式对研究对象的领导者特质进行了二次测量,其中,笔者对一名研究对象进行了直接的问卷填写,而对另一名研究对象采用了周围熟悉人他述的方式进行了测量,并将两次的测量结果进行了比对和相互校验。研究问卷采用李克特(Likert)7级量表,两名研究对象的量表测量结果如表5-3所示。

表5-1 研究对象Y的领导者特质数据编码

领导者特质	编码	原始数据
构建社会网络自我效能感	觉知	领导者的圈子当然很重要,有时候去和别人交朋友也是为了企业,不见得就是投缘(Y-Y) 他就是有这个能力和意识去交朋友,他的朋友很多,各行各业都有(Y-TM-S)
	自信	不管什么样的人,只要我想和他交朋友最后都成了(Y-Y) Y总很自信,每到一个新的圈子他都能很好很快地融入,并成为焦点(Y-TM-Z)

5 领导者社会网络构建策略的选择

续表

领导者特质	编码	原始数据
自我监控	表演	Y从小就多才多艺，会音乐、能唱歌，乐于表现自己（Y-F-Y） 我觉得我自己要是当个演员，也能成为一个好演员（Y-Y） Y总讲话一般都不用草稿，随时都可以即兴发言，就跟演讲似的（Y-TM-S）
	外向	Y总是聚会中的焦点，他很能说，也会说，大家也愿意听他讲话（Y-TM-Z） Y平时在我们同学中很活跃，他就是比较外向的人（Y-F-Z） 我挺能说的，也愿意讲，从小就不怕人多（Y-Y）
	他人导向	有些朋友一开始也并不喜欢我，但是我不管他们喜欢不喜欢，我就随着他们，人与人之间总还要有个了解的过程嘛，后来打交道多了，他们就认可我了（Y-Y） 有时候也说谎，但是说谎有时候并不是坏事，你从对方角度出发为了他好，最后别人也能理解（Y-Y） Y总为了企业，也低头求过他人帮忙（Y-TM-YIn）

表5-2 研究对象X的领导者特质数据编码

领导者特质	编码	原始数据
构建社会网络自我效能感	觉知	通过做裁缝发现自己不适合与他人合作干事（X-X） 他可能也不那么在乎与别人交往和圈子的作用，他认为内心的平和比较重要，只有自己觉得合得来的人才会持续交往（X-TM-D）
	自信	三十岁之前一直觉得自己不适合当领导。当泥瓦工的时候，任命自己为队长，任命书都下了自己还是不当（X-X） 发现大家在一起时都处得很好，有人成了佼佼者，而自己一直都没有成为一个佼佼者（X-X） X总没怎么读过书，总感觉他在这方面自卑，在和别人交往的时候偶尔也能体现出来（X-TM-D）
自我监控	表演	个人看上去比较单调，总是要谈问题，没有玩笑、八卦、聊天（X-TM-DW） 他讲话很差，不善于表达（X-TM-DW） 办事直来直往，张叫李不配合，自己就叫李过来，对李说张说你不配合。或者是将两个人叫到一起把问题说出来。自己觉得是真诚的，但是后来发现自己的这种方式过于单纯、幼稚（X-X）
	外向	X总比较内敛，他不是那种喜欢张扬的人（X-TM-D） 跟他走得比较近的人，都跟他比较相似。相对做事业的人，像外向型的人，基本进不去他的圈子（X-TM-D）

续表

领导者特质	编码	原始数据
自我监控	他人导向	进到 X 核心圈的，都是跟他关系特别好的，那绝对是志同道合的。志不同道不合，如果光是利益关系的，那打几次交道以后，就没有下文了（X-TM-D） 他就是挺坚持自己的理念的，不认同他的观点的，他也就慢慢不交往了（X-TM-D） 平常一些小事，类似吃饭不要说话，都得按照他的想法来做，要不他就会一直批评你，他喜欢佛法，就让公司里所有员工都学习佛法，不管你喜欢不喜欢（X-TM-D） 如果 X 总比较喜欢某些人的风格，就会对这些人更加重视，不管其真正的能力如何（X-TM-DW）

表 5-3 研究对象领导者特质水平对比

研究对象	领导者特质			数据来源
	一般自我效能感	构建社会网络自我效能感	自我监控	
	低 1~5 高	低 1~5 高	低 1~5 高	
X	4.5	4.1	4.2	研究对象本人
	4.3	4.2	4.0	熟人（5 人）
Y	4.0	3.7	3.5	熟人（5 人）

5.1.1.1 案例研究的启示

从上述分析中可知，案例中两位领导者的个体特质水平存在差异。基于表 5-1 和表 5-2 中的数据和示例可知，研究对象 Y 相较于研究对象 X 在构建社会网络自我效能感水平上较高，研究对象 X 相较于研究对象 Y 在自我监控水平上较低。根据案例数据发现，在随后的二次量表数据收集分析后得到了进一步的验证。表 5-3 中呈现的由研究对象本人和其周围熟人就自我效能和自我监控水平的评分中，两位研究对象在领导者特质水平差异与案例示例中的表现趋同。

既然领导者特质反映了领导者一贯的认知模式和行为方式，并且预期领导者自我效能感和自我监控可能会对领导者构建社会网络的策略选择产生影响。那么在上述研究的基础上，就要进一步探寻二者在社会网络选择偏好上是否也具有差异，并由此来探析上述领导者特质与社会网络策略选择偏好之间的关系。基于此，本章对两位领导者在研究数据中呈现的社会网络构建策略频度进行统计，考虑两个案例数据丰富度可能存在潜在差异，以及一些不可预知的其他因素干扰，笔者并未直接以领导者在数据中呈现的网络构建策略数量作为判定领导者策略选

5 领导者社会网络构建策略的选择

择偏好的参数；为了严谨地呈现领导者在社会网络构建策略偏好上的差异，我们采用了构建社会网络活动中的策略频度比，即每位领导者在基于其研究数据中呈现的两种策略数目与策略数目总和的比例。策略比例越高，代表该领导者越倾向选择该种策略方法来构建社会网络。这样的做法很好地规避了两个案例由于存在潜在数据丰富度差异而对策略选择偏好造成的影响。

结合表4-2中对领导者社会网络构建策略的统计和表5-1、表5-2、表5-3中领导者特质水平的数据，可得相应案例数据如表5-4和表5-5所示。通过对案例数据的整理得出了两名研究对象在构建社会网络活动中的策略频度比，发现案例中两位领导者在社会网络构建策略选择上存在显著的差异，研究对象Y的建桥策略比约为0.6，引桥策略比约为0.4，表明研究对象Y更倾向于使用建桥策略来构建社会网络，而研究对象X的建桥策略比约为0.3，引桥策略比约为0.7，表明研究对象X更偏好通过引桥策略来构建社会网络。两位研究对象在构建策略上的差异一定程度上也体现在访谈的示例中。

表5-4　自我效能感与社会网络策略选择的案例对比数据

研究对象	领导者特质		社会网络策略频度比	
	一般自我效能感	构建社会网络自我效能感	引桥策略数/总策略数	建桥策略数/总策略数
	低 1~5 高	低 1~5 高	低 0~1 高	低 0~1 高
Y	4.3	4.2	0.4	0.6
X	4.0	3.7	0.7	0.3

表5-5　自我监控与社会网络策略选择的案例对比数据

研究对象	领导者特质	社会网络策略频度比	
	自我监控	引桥策略数/总策略数	建桥策略数/总策略数
	低 1~5 高	低 0~1 高	低 0~1 高
Y	4.0	0.4	0.6
X	3.5	0.7	0.3

访谈中的示例：

X总不会加入别人的圈子。他很少去加入别人的圈子，他更想自己弄个圈子，让别人加入进来。这个最明显的例子就是他几乎不去外面吃饭。也就是说，他一般跟自己圈子里的朋友吃饭。但一年中可能跟朋友出去吃饭的次数也不超过

10次。

资料来源：文本X-TM-D。

Y总经常出去参加各种朋友圈子的聚会，他很喜欢加入新的圈子，而且能很快融入进去，这就是他厉害的地方，我们都不行。

资料来源：文本Y-TM-S。

相应地，研究对象Y在一般自我效能感和构建社会网络自我效能感上的水平也更高，分别为4.3和4.2，而对比来看研究对象X则较低，只有4.0和3.7。结合两位领导者在社会网络构建策略比上的差异，推断自我效能感高的领导者更倾向于使用建桥策略来构建社会网络；而自我效能感水平较低的领导者倾向于使用引桥策略来构建社会网络。同理，研究对象X在自我监控水平上较低只有3.5，而研究对象Y则较高为4.0，结合两位领导者在社会网络构建策略比上的差异，推断自我监控水平较高的领导者更倾向于使用建桥策略来构建社会网络；而自我监控水平较低的领导者倾向于使用引桥策略来构建社会网络。

5.1.1.2 理论分析与命题假设的提出

通过上述研究案例的对比发现，两位领导者在个体特质和社会网络构建策略选择偏好上存在差异，并且案例数据显示领导者特质与社会网络策略选择偏好之间可能存在一定的关联性。通过对现有相关理论的回顾和有关理论的分析，笔者认为自我效能理论对领导者社会网络构建策略选择产生影响的机理在于，在面对环境选择时，人们会尽量回避进入那些自认为超出自身能力的环境，而去选择自感可以应付的环境或活动（Wood and Bandura，1989）。这样的一种趋向必然会引起具有不同自我效能水平的领导者在社会网络构建策略选择上的差异，那些自我效能水平较高的领导者对进入和适应新环境抱有信心，并认为自己能够应对新环境所带来的挑战，因此相对在构建社会网络时可能表现得更加活跃和积极主动；而那些自我效能感较低的领导者可能在面对新环境时表现出回避和担忧的态度，因此可能会在构建社会网络上采取相对被动的策略，或者选择进入那些自己更熟悉和舒适的环境。领导者构建社会网络实质上是开拓和改变领导者所面对的环境，因此领导者自我效能感水平会对领导者的网络构建策略产生影响。同时，已有研究也表明领导者的自我效能感与其在网络中的结构位置相关，那些自我效能感较高的领导者往往会处在社会网络中的核心位置（占据结构洞）（Foti and Hauenstein，2007；Penuel et al.，2009）。领导者构建社会网络的两种策略的核心差异就在于领导者的网络位置不同，采用建桥策略的领导者会成为连接目标网络与组织内部网络的桥，占据结构洞的位置。

5 领导者社会网络构建策略的选择

因此，基于上述案例数据和理论分析，本章提出：

命题1：领导者的自我效能感影响了领导者社会网络构建策略的选择。

假设1a：一般自我效能感高的领导者相较于自我效能感低的领导者更倾向于使用建桥型策略。

假设1b：一般自我效能感低的领导者相较于自我效能感高的领导者更倾向于使用引桥型策略。

假设1c：构建社会网络自我效能感高的领导者相较于构建社会网络自我效能感低的领导者更倾向于使用建桥型策略。

假设1d：构建社会网络自我效能感低的领导者相较于构建社会网络自我效能感高的领导者更倾向于使用引桥型策略。

领导者自我监控对领导者社会网络构建策略选择影响的机理在于，个体的自我监控水平高低代表了其在社会交往过程中的自我呈现和人际适应性程度，而社会网络的定义就是行动者以及彼此之间的关系集合。自我监控水平较高的领导者在社会交往过程中会更注重情境因素和任务导向，可以依据具体情况来进行自我调适，改变自己的行为策略，因此相较于自我监控水平较低的领导者而言，他既可以与自己相似的人成为伙伴，也可以顺利地进入与自己个性特征不同的社会网络中去结识新的朋友，相对而言其社会网络的多样性要更好，同时也更容易构建起新的社会网络；而自我监控水平较低的领导者在人际交往过程中往往以自己的价值观念和原则为行为导向，倾向于选择自己特征类似的人进行交往，当目标网络中既有与其价值观点趋同也有分歧的个体存在时，自我监控水平较低的领导者可能不愿意直接加入新的社会网络，以避免与自己价值观点和行为原则不同的个体打交道，因此会更倾向于通过将目标网络中与自己价值观点相同的个体引入自己的社会网络中来，并通过其与目标网络发生间接的关联和互动。因此，领导者自我监控水平可以影响其社会网络构建策略的选择。

因此，基于上述案例数据和理论分析，本章提出：

命题2：领导者的自我监控水平影响了领导者社会网络构建策略的选择。

假设2a：自我监控水平高的领导者相较于自我监控水平低的领导者更倾向于使用建桥型策略。

假设2b：自我监控水平低的领导者相较于自我监控水平高的领导者更倾向于使用引桥型策略。

综上所述，领导者个体特质对社会网络构建策略选择的影响模型如图5-2所示。

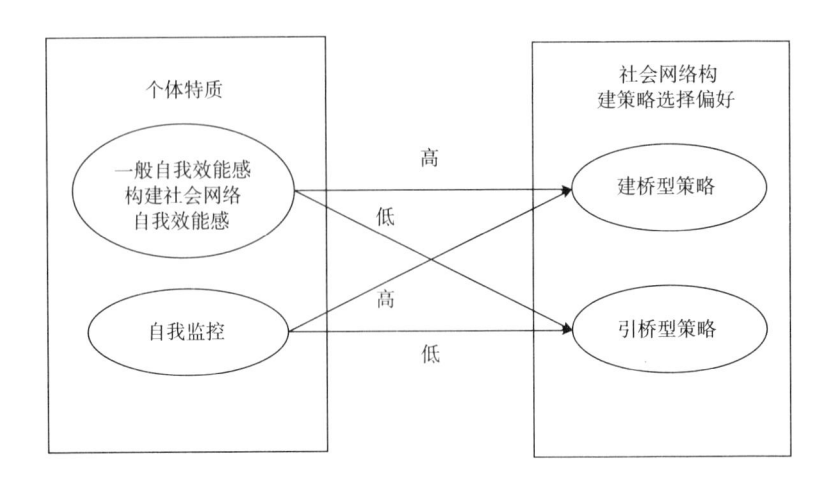

图 5-2　领导者个体特质对社会网络构建策略选择的影响模型

5.1.2　组织情境因素对领导者社会网络构建策略选择的影响

通常认为，人的行为选择与表现不仅受到个体特质的影响，也与个体所在的环境相关（Bandura，2001）。领导者作为组织中的核心成员，其所做的行为策略选择不可能不考虑到组织的情境因素，尤其是领导者构建社会网络的潜在动因中涵盖了大量的组织目标。因此，组织的情境因素必然会影响到领导者社会网络构建策略的选择。在对组织情境因素挖掘的过程中，主要采用了三种策略：一是通过案例研究数据来寻找与领导者社会网络构建策略选择相关的情境因素；二是采用了结构化的访谈提纲，在案例研究的后期对研究对象进行了访谈；三是通过理论的分析。三种方法之间彼此融合，相辅相成。

5.1.2.1　组织所处的发展阶段对领导者社会网络策略选择的影响

组织发展的各个阶段会面对不同的任务和挑战，通常企业在创业期和成长期对人力、财务资源需求较大，一方面，企业处于高速发展的扩张阶段，容易出现资源缺口；另一方面，企业刚刚成长起来，前期的各类资源积淀尚不充足。与此同时，领导者很有可能是伴随着企业成长而刚刚走上领导岗位，在能力、经验、行业知识储备和知名度等方面均存在不足，尚未获得与某些重要社会网络中个体互动的资源和平台，在走向某些目标网络的时候可能会遇到力所不及的情况，因而在构建社会网络时更加可行的策略是聘请目标网络中的个体进入组织内部担当顾问、董事或高管等职务，从而获得与目标网络之间的关联，以帮助组织获得成长所需的各类资源。而当组织发展到成熟阶段，通常在本行业已经取得了一定的成绩，企业各项运营走向平稳，人力、财务等资源与企业所需情况达到平衡；同时，企业的领导者伴随企业多年的发展，在能力、经验、行业知识储备和知名度各方面上均有提高，很多时候其本人已经成为当地的知名人士，具有相当的影响力，此时领导者在面向新的目标社会网络时已经有了较为充足的互动资本和平台，可以支撑领导者走进新的目标网络。因此，在本阶段，领导者可能会更多地使用建桥策略来构建社会网络。例如，领导者在企业发展早期，并未成名，想与政府关系网络发生关联的主要途径之一便是将该关系网络中的个体引入组织内部担当顾问、董事或高管；而当组织发展到成熟阶段时，企业和领导者均取得了一定的声望和影响力之后，领导者通常会通过担当人大代表或政协委员的方式，主动加入政府关系网络。该项示例在本书研究案例中亦有呈现。

在案例研究中，笔者总结了两位领导者所在企业的发展历程，并按照企业生命周期理论和数据资料，对两家企业发展阶段进行了划分，相应的结论在后续回访中得到了企业的认可。同时，笔者对数据分析编码中呈现的两位领导者社会网络构建策略的时效分布与企业发展的阶段进行了对比，具体数据如图5-3和图5-4所示。从案例数据中不难发现，两位领导者的社会网络构建策略分布呈现出相同的趋势，即在企业发展早期，领导者更多地使用了引桥策略，而在企业发展的成熟阶段，领导者更多地采用了建桥策略。

因此，基于上述理论分析和案例数据发现，本章提出：

命题3：组织所处的发展阶段影响领导者社会网络构建策略的选择，在企业的创业阶段和成长阶段领导者倾向于选择引桥型策略；在企业的成熟阶段领导者倾向于选择建桥策略。

5.1.2.2 组织情境下策略自身相关因素对领导者社会网络策略选择的影响

组织的情境因素对领导者社会网络策略的影响，除了反映在不同发展阶段企业对资源的需求和储备差异，以及相应阶段领导者对应的能力和声望差异引起的社会网络构建策略选择的不同之外；组织情境因素还会对策略自身的相关因素产生影响，进而影响领导者社会网络构建策略的选择，而有关策略自身因素最为明显的三个因素为策略的可达成性、策略成本和策略时间压力，这三类因素也是管理决策研究和管理实践中最受关注的三个因素，是组织情境因素的一种反映。

社
会
网
络
构
建
策
略
分
布

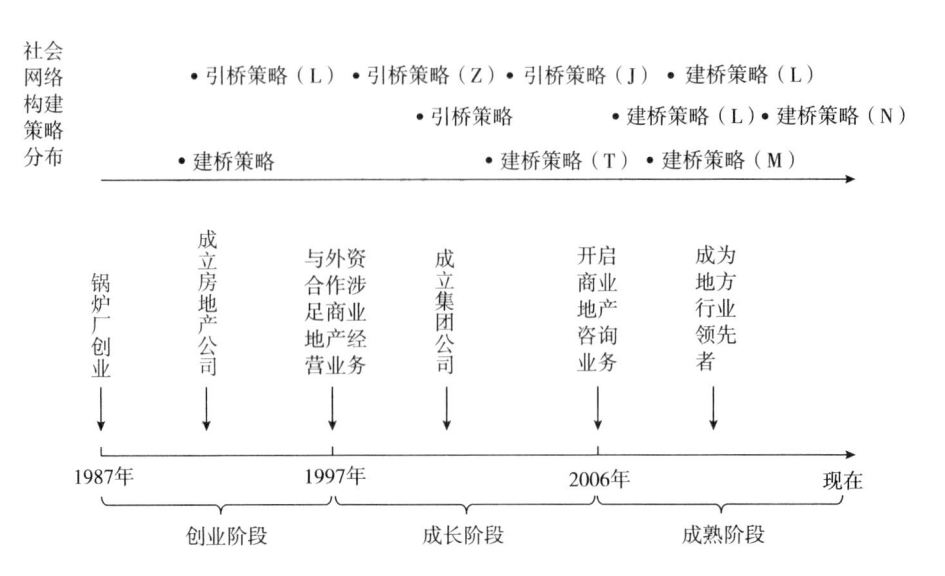

- 引桥策略（L） • 引桥策略（Z）• 引桥策略（J） • 建桥策略（L）
                    • 引桥策略   • 建桥策略（L）• 建桥策略（N）
- 建桥策略   • 建桥策略（T） • 建桥策略（M）

锅炉厂创业 ↓ 1987年
成立房地产公司 ↓
与外资合作涉足商业地产经营业务 ↓ 1997年
成立集团公司 ↓
开启商业地产咨询业务 ↓ 2006年
成为地方行业领先者 ↓ 现在

创业阶段　　成长阶段　　成熟阶段

图 5-3　研究对象 Y 社会网络策略在企业发展阶段的分布

社
会
网
络
构
建
策
略
分
布

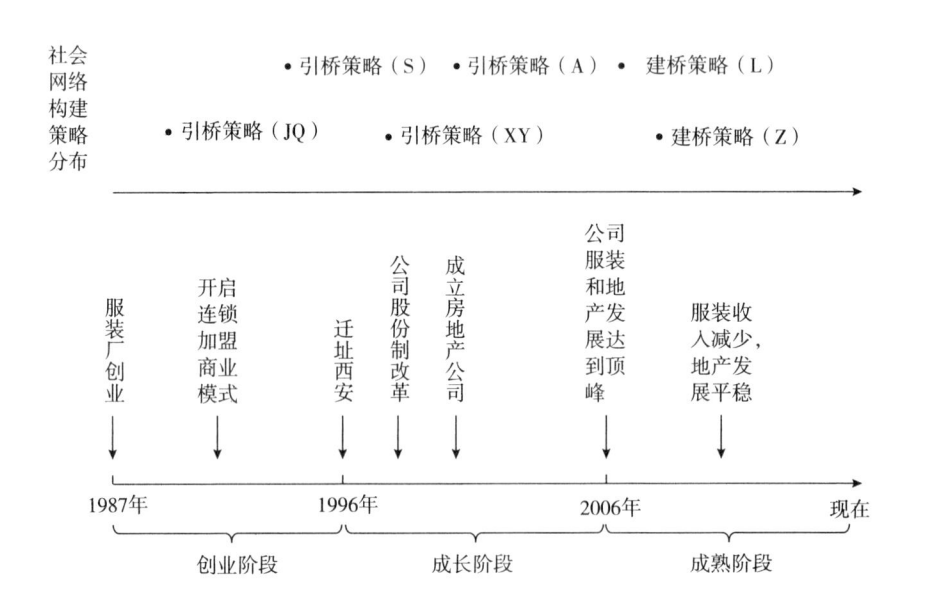

                • 引桥策略（S） • 引桥策略（A） • 建桥策略（L）
- 引桥策略（JQ）   • 引桥策略（XY）   • 建桥策略（Z）

服装厂创业 ↓ 1987年
开启连锁加盟商业模式 ↓
迁址西安 ↓ 1996年
公司股份制改革 ↓
成立房地产公司 ↓
公司服装和地产发展达到顶峰 ↓ 2006年
服装收入减少，地产发展平稳 ↓ 现在

创业阶段　　成长阶段　　成熟阶段

图 5-4　研究对象 X 社会网络策略在企业发展阶段的分布

（1）策略可达成性。社会网络构建策略的可达成性是指实现社会网络构建目标的成功程度，是领导者构建社会网络策略选择的优先考虑因素。当受到条件所限，只存在一种网络构建策略可行的情境下，社会网络构建策略选择就不再成为一个问题，达成社会网络构建的目标成为前提要求。事实上，组织发展阶段对领导者社会网络策略选择的影响也多与此相关，在企业发展早期，领导者由于尚不具备进入目标网络的能力和互动平台，不能够通过建桥策略来实现社会网络的构建，因此在策略的可达成性上，领导者只能选择引桥策略。在后期的结构化访谈中，研究对象 Y 的观点，也佐证了上述观点。

哪种方式（社会网络构建策略）能成事，就用哪种方式；都可行的情况下，再看有没有时间要求，然后才是考虑省钱；我可能会喜欢自己做事，如果自己可以干，请别人来做干嘛？多出去转转，交交朋友不挺好的。

资料来源：文本 Y-Y。

因此，基于上述分析和案例发现，本章提出：

命题 4：策略可达成性影响领导者社会网络构建策略的选择，是领导者社会网络构建策略选择的前提条件。

（2）策略成本。策略的成本在本书中是指领导者为实现构建社会网络的目标，所采用社会网络构建策略的代价。领导者构建社会网络的策略成本包括与目标网络中个体互动中所付出的财力、时间、潜在风险等。例如，领导者采用引桥策略时，将目标网络中个体引入组织内部网络担任相当职务所付出的薪酬，以及在谋求与其相识中付出的间接成本；领导者采用建桥策略主动想进入某一目标社会网络时，所付出的时间和精力等。策略成本对领导者社会网络构建策略的影响显而易见，在其他条件不变的情况下，出于组织和个体自利的目的，领导者将选择策略成本较低的策略方式来实现社会网络的构建目的。

综上，本章提出命题 5：

命题 5：策略成本影响领导者社会网络构建策略的选择，在其他条件相同的情况下，领导者出于组织和个体的自利目的，将选择策略成本较低的社会网络构建策略方式。

（3）策略时间压力。策略时间压力对领导者社会网络策略选择产生影响的主要原因在于，其可能影响社会网络构建目标的可达成性。当策略时间压力较大时，如果一种社会网络构建策略相较于另一种网络构建策略，在达成网络构建目标上具有时间优势，更能保证在规定的时间内完成网络构建目标的情况下，领导者可能做出不同于没有策略时间压力下的策略选择。因此，策略时间压力更像是一个情境变量，对领导者原本的策略偏好选择起到一定的调节作用。

基于此，本章提出如下命题和假设：

命题 6：策略时间压力影响领导者社会网络构建策略的选择，对领导者个体特质与社会网络构建策略选择偏好的关系起到调节作用。

假设 3a：策略时间压力对领导者一般自我效能感与社会网络构建策略选择偏好的关系起到调节作用。

假设 3b：策略时间压力对领导者社会网络构建自我效能感与社会网络构建策略选择偏好的关系起到调节作用。

假设 3c：策略时间压力对领导者自我监控与社会网络构建策略选择偏好的关系起到调节作用。

5.1.2.3 研究发现与讨论

本章研究发现，组织情境因素（企业发展阶段、策略的可达成性、策略的成本、策略的时间压力）会对领导者社会网络策略选择产生影响，这间接表明了不但领导者社会网络对组织有影响作用，而且组织的自身情况也会反过来通过影响领导者社会网络构建策略的选择来影响领导者社会网络的构建和演化，这一发现对已有研究具有一定的理论贡献。同时，组织情境因素对领导者社会网络策略选择影响的另一个重要理论意义在于，现有关于领导者社会网络的研究大多局限在领导者个体特质对社会网络的影响上，而通常认为领导者的个体特质是稳定且不易改变的，因此，领导者对社会网络的影响或多或少具有宿命论的色彩。这主要由于相关的研究刚刚起步，忽略了领导者的主观能动性和外部情境因素对领导者的影响作用。本章发现，领导者正是通过对组织情境因素的判定来进行社会网络构建策略的选择，即个体特质和组织情境因素共同决定了领导者对社会网络的影响作用。

5.2 领导者社会网络构建策略选择的假设检验

通过上述案例研究和理论分析共提出了有关领导者社会网络策略选择的 6 个相关命题和 9 个研究假设，具体如表 5-6 所示。通常认为，由案例研究提出的命题可以作为研究结果加以呈现，而研究假设需要进一步的实证检验。对此，本章进一步针对上述研究假设进行了检验，相应检验过程和结果如下所示。

5 领导者社会网络构建策略的选择

表 5-6 领导者社会网络构建策略选择的相关研究命题和假设

命题 1	领导者的自我效能感影响了领导者社会网络构建策略的选择
命题 2	领导者的自我监控水平影响了领导者社会网络构建策略的选择
命题 3	组织所处的发展阶段影响领导者社会网络构建策略的选择,在企业的创业阶段和成长阶段领导者倾向于选择引桥型策略;在企业的成熟阶段领导者倾向于选择建桥策略
命题 4	策略可达成性影响领导者社会网络构建策略的选择,是领导者社会网络构建策略选择的前提条件
命题 5	策略成本影响领导者社会网络构建策略的选择,在其他条件相同的条件下,领导者处于组织和个体的自利目的,将选择策略成本较低的社会网络构建策略方式来构建社会网络
命题 6	策略时间压力影响领导者社会网络构建策略的选择,对领导者个体特质与社会网络构建策略选择偏好的关系起到调节作用
假设 1a	一般自我效能感高的领导者相较于自我效能感低的领导者更倾向于使用建桥型策略
假设 1b	一般自我效能感低的领导者相较于自我效能感高的领导者更倾向于使用引桥型策略
假设 1c	构建社会网络自我效能感高的领导者相较于构建社会网络自我效能感低的领导者更倾向于使用建桥型策略
假设 1d	构建社会网络自我效能感低的领导者相较于构建社会网络自我效能感高的领导者更倾向于使用引桥型策略
假设 2a	自我监控水平高的领导者相较于自我监控水平低的领导者更倾向于使用建桥型策略
假设 2b	自我监控水平低的领导者相较于自我监控水平高的领导者更倾向于使用引桥型策略
假设 3a	策略时间压力对领导者一般自我效能感与社会网络构建策略选择偏好的关系起到调节作用
假设 3b	策略时间压力对领导者社会网络构建自我效能感与社会网络构建策略选择偏好的关系起到调节作用
假设 3c	策略时间压力对领导者自我监控与社会网络构建策略选择偏好的关系起到调节作用

5.2.1 信度与效度分析

信度与效度是所有测量的中心议题,二者关注具体的测量如何与概念相联系。在对数据进行统计分析之前,首先需要对问卷的信度与效度进行分析。

5.2.1.1 信度检验方法

信度是指可靠性或一致性,主要反映调查对象对问卷填写的可信程度,也就是同一测量工具对同一测量对象得到一致结果的可能性,通常可以通过不同时点的稳定性、不同测试对象的等价性,以及测量题项之间的内部一致性这三个指标予以反映。量表的信度越大,则测量标准误越小。

信度的主要测量方法有以下五种(李子叶,2011):

（1）重测信度。用同一份问卷对同一群填答者做前后两次调查，再计算其两次得分的相关系数，即可得到重测信度。

（2）复本信度。如果一份问卷有两种或两种以上的复本，就可以根据填答者在两种复本上填答的得分，计算其相关系数，即可得复本信度。

（3）折半信度。将测量结果按题项的单、双号或随机分成两组计分，将两组的分值进行比较，计算相关系数求得折半信度。这是在无复本又不准备复测的情况下最常采用的信度分析方法。

（4）库李信度。如果问卷是属于答对一题得一分，答错一题得零分的方式，则可以使用 KR20 与 KR21 公式，计算库李信度。

（5）评分者信度。对于无客观计分的问卷，可以请两名或者两名以上的学者进行评价，分别得到斯皮尔曼登记相关和肯德尔一致性系数。

在信度分析中最常用的是 Cornbach's α 系数，它属于折半信度的一种，并且适用于定距尺度的测量表（如 Likert 量表）。此法由克朗巴哈（1959）创用，他以 α 系数来代表量表的一致性信度，α 系数越高，代表量表内部一致性越佳。对于信度分析的评价标准，一般认为 0.7 是一个比较合适的标准阈值，对于部分探索性研究只要达到 0.5 或 0.6 即认为达到了可以接受的范围（Nunnally，1978）。整体的信度指标值的判别准则如表 5-7 所示。

表 5-7 信度指标判别准则

内部一致性 α 系数值	量表信度
0.900 以上	非常理想
0.800~0.899	甚佳
0.700~0.799	佳
0.600~0.699	尚可
0.500~0.599	可单偏低
0.500 以下	欠佳不能接受

5.2.1.2　效度检验方法

效度即有效性，是指测量工具或手段能够准确测量所需事物的程度，即测量工具在多大程度上反映了想要测量概念的真实含义。测量结果与要考察的内容越吻合，则效度越高；反之，则效度越低。常见的效度至少可以分为以下四种类型：表面效度、内部效度、收敛效度和结构效度。

（1）表面效度。表面效度是科学共同体所做的判断，认为某个指标确实能够测量到某个构想。其是最基本的效度类型。

（2）内部效度。内容效度实际上是表面效度的特殊类型。主要反映测量题项的设置是否具有代表性和综合性，其有效程度主要取决于测量题项产生的实际背景，也就是说量表中的题项是不是代表了所要研究变量的主要内容。通常为了保证内容效度，在问卷设计中都会请该领域的专家对设计的题项进行评价，并提出修改意见，以确保那些能够反映变量内容的题项被添加进来。

（3）收敛效度。收敛效度是指同一概念的不同题项之间的一致性（Campbell and Fiske，1959）。收敛效度评价的主要目的是剔除和净化垃圾题项，从而减少测量题项的多因子现象，提高测量因子的解释能力。当同一量表的所有测量题项具有 0.5 以上的因子荷重时，表明该量表具有较好的收敛效度。

（4）结构效度。结构效度指测验能够测量到理论上的构想或特质的程度，即测验的结果是否能证实或解释某一理论的假设、术语或构想，解释的程度如何。

本章使用的量表均为本领域内得到学者和专家广泛认可的成熟量表，通过文献分析对测量各题项的内容效度进行控制。对于情境设计中涉及的两个领导者社会网络策略的开发遵循了科学合理的步骤。首先，不断地与定义进行比对；其次，参照相关理论概念的范畴和管理实践的分析数据进行提炼，忠于客观事实；最后，结合专家和管理实践对象对于本定义和管理情境的设置进行评估，并结合他们的意见进行修订。通过反馈给研究对象进行核对且得到了认可，进而有效地保证了内容效度。

5.2.1.3 信度与效度评价

本章使用统计学软件 SPSS16.0 对数据进行信度与效度的分析，测量的结果如表 5-8 所示。从表中可知，研究中所涉及的两个量表的信度均在 0.89 以上，说明本章采用的指标具有良好的可靠性和一致性。同时，本章采用的量表多为成熟的量表，在其开发之后得到了众多研究的检验，量表中各类题项的内容已经得到了学者们的广泛认同，因而可以保证其对应的测量是有效的。对基于一般自我效能量表修订后的社会网络构建自我效能量表进行因子分析，取样适切性量数 KMO 值为 0.952，指标大于 0.900，表 5-9 的统计结果表明，变量间有共同因素存在，量表题项适合进行因素分析。根据表 5-10，量表各个题项的因子载荷均在 0.5 以上，说明具有较好的收敛效度。

表 5-8 变量的信度

量表	N	Cornbach's α
一般自我效能感	10	0.933
社会网络构建自我效能感	10	0.892
自我监控	18	0.945

表 5-9 KMO 与 Bartlet 球形检验

题项		数值
Kaiser-Meyer-Olkin 取样适切性量数		0.952
Bartlett 球形检验	近似卡方分配	3044.000
	自由度	45.000
	显著性	0.000

表 5-10 社会网络构建自我效能感收敛效度

测量题项	因子荷重
1. 如果我尽力去做的话，我总是能很快地融入新的朋友圈	0.814
2. 即使别人一开始并不喜欢我，我仍有办法建立我们之间的联系	0.845
3. 对我来说，结识新的朋友是轻而易举的	0.887
4. 我自信能有效地应付建立新朋友圈子时出现的任何突如其来的事情	0.884
5. 以我的才智，我一定能应付新朋友交往中出现的意料之外的情况	0.865
6. 如果我付出必要的努力，我一定能解决大多数结交新朋友时面对的难题	0.538
7. 我能冷静地面对建立新朋友圈子时遇到的困难，因为我信赖自己处理问题的能力	0.820
8. 在融入新朋友圈遇到难题时，我通常能找到几个解决方法	0.857
9. 在和新朋友交往遇到麻烦的时候，我通常能想到一些应付的方法	0.854
10. 只要我想结交某个人，无论什么事在我身上发生，我都能够应付自如	0.807

5.2.2 假设检验与结果分析

5.2.2.1 假设检验的方法

在对领导者社会网络构建策略选择的假设验证中，依据本章对领导者社会网络构建策略的定义，可以将领导者构建社会网络的策略分为建桥策略和引桥策略。因为因变量是二分变量，这个变量值取值分别为 0 或 1。因此，对于这类研究的验证适用于 Binary Logistic 回归的方法。

Logistic 回归分析广泛地应用于因变量为二分变量的回归模型，它与多元回归分析的最大差异在于因变量的性质不同，因而二者在参数估计上也有所差异。

在参数估计方面，复回归分析通常通过 OLS（最小二乘法）让残差极小化，以得到自变量参数的最佳估计值；而 Logistic 回归分析则是通过极大似然估计（MLE）使因变量的观察次数的概率极大化，进而得到自变量参数的最佳估计值（王保进，2004）。此外，OLS 使用的对相同分布性或者方差不变的假设在 Logistic 回归中并不需要，而且 Logistic 回归也没有关于自变量分布的假设条件，可以是连续变量，也可以是离散变量，还可以是虚拟变量。

Logistic 回归的最大似然估计具有一致性、渐进有效性和渐进正态性，这些性质都与样本量息息相关。最大似然估计的上述性质在样本量较大的时候，性质可以得到保持。王济川和郭志刚（2001）的研究发现，在样本规模小于 100 时使用最大似然估计风险较大，样本量越大才越适合。本书研究所使用的数据超过了 300 个样本，同时因变量为二分变量，因此选择 Logistic 回归分析对假设进行检验是适宜的。

5.2.2.2 领导者个性特质对领导者构建社会网络选择的假设检验

首先，考察领导者个性特质对领导者构建社会网络选择偏好的直接作用，包括假设 1a、1b、1c、1d、2a 和 2b 的假设检验。在模型中，控制变量包括性别、年龄，自变量包括一般自我效能感、构建社会网络效能感和领导者自我监控水平，因变量为领导者社会网络策略选择（建桥型策略与引桥型策略）。首先将控制变量纳入回归模型，其次放入自变量进行二元 Logistic 回归分析。主要结论如表 5-11、表 5-12、表 5-13 所示。

表 5-11 模型汇总

步骤	-2Log likelihood	Cox & Snell R^2	Nagelkerker R^2
0	451.926[a]	0.012	0.017
1	338.323[a]	0.282	0.391

注：a 表示因为参数估计的更改范围小于 0.001，所以估计在迭代次数 5 处终止。

表 5-11 显示了模型的 R^2 系数，通常认为 Cox & Snell R^2 和 Nagelkerker R^2 值大于 0.2 可以接受，大于 0.4 好，大于 0.5 非常好（巴克豪斯和埃里克森，2009）。可以看出本模型中自变量得到控制之后模型的拟合较好。从表 5-12 可以看出模型的预测准确度达到了 77.2%，解释效力较强。

表 5-12 分类表[a]

已观测			已预测		
			社会网络策略类型		百分比校正
			0	1	
步骤 0	策略类型	0	0	121	0
		1	0	235	100
	总百分比				66
步骤 1	策略类型	0	71	50	58.7
		1	31	204	86.8
	总百分比				77.2

注：a 表示切割值为 0.500。

表 5-13 方程中的变量

		B	S.E.	Wald	df	Sig.	Exp（B）
Step 0[a]	年龄	0.043	0.108	0.155	1	0.694	1.043
	性别	-0.516	0.256	4.054	1	0.044	0.597
	常量	0.204	2.128	0.009	1	0.924	1.227
Step 1[b]	年龄	0.067	0.129	0.267	1	0.605	1.069
	性别	-0.649	0.316	4.214	1	0.040	0.523
	一般自我效能感	-0.022	0.211	0.011	1	0.915	0.978
	构建社会网络自我效能感	-0.629	0.130	23.390	1	0.000	0.533
	自我监控	-0.634	0.188	11.373	1	0.001	0.530
	常量	5.481	2.638	4.318	1	0.038	240.192

注：a 表示在步骤 0 中输入性别、年龄；b 表示在步骤 1 中输入一般自我效能感、构建社会网络自我效能感和自我监控。

根据表 5-13 的回归结果，除一般自我效能感的 Wald 统计量的 Sig. 值大于 0.05，构建社会网络的自我效能感和自我监控两变量的 Wald 统计量的 Sig. 值均小于 0.05，说明参数估计值都显著不为 0，即回归方程中这两个变量对方程的贡献都是显著的，而一般自我效能感对领导者社会网络选择偏好的影响不显著；B

列是方程系数,通常用它来检验系数的显著性是比较方便的。从表中可以看出,构建社会网络自我效能感和自我监控的两个变量对应的 B 系数均为负数,即说明构建社会网络自我效能感和自我监控与领导者社会网络策略选择偏好呈负相关关系,但是由于逻辑回归中自变量与逻辑函数之间存在的是非线性关系,自变量只确定 e 函数的指数,以非线性形式影响事件出现的概率。因此,这里的负相关关系应理解为负的回归系数使事件 {y=1} 的概率随自变量的增大而减小。因为在变量设定录入数据过程中将建桥型策略设定为 0,引桥型策略设定为 1。由此可得,当领导者构建社会网络自我效能感越高越倾向于选择建桥型策略,越低则越倾向于选择引桥型策略;同理当领导者自我监控水平越高越倾向于选择建桥型策略,越低越倾向于选择引桥型策略。即假设 1c 和 1d、假设 2a 和 2b 得证,而假设 1a 和 1b 则没有通过检验。同时发现模型中,性别变量对构建社会网络策略有显著的影响,但作为控制变量较为合理。

5.2.2.3 策略时间压力调节效用的假设检验

本书对策略时间压力调节作用的检验采用多元回归分析方法,通过引入时间压力与个体特质形成的交互项来验证研究假设,分三次输入变量进行回归分析。如表 5-14 和表 5-15 所示,从表 5-14 可以看出模型的解释效力较强。根据表 5-15 的结果,模型 1 中首先引入控制变量年龄和性别,以排除其对假设检验的潜在影响,在模型 2 中加入了一般自我效能感,自我监控,构建社会网络自我效能感,时间压力变量,在模型 3 中除了包含上述变量外,还引入了策略时间压力和自我监控、策略时间压力和一般自我效能感以及策略时间压力和构建社会网络自我效能感的交互项。从检验结果可知,策略时间压力和自我监控的相互项系数,以及策略时间压力和构建社会网络自我效能感的交互项系数显著,而策略时间压力与一般自我效能感的交互项系数不显著。即策略时间压力对自我监控和构建社会网络自我效能感的具有调节效用,假设 3b 和 3c 得到验证,而假设 3a 没有通过得到数据的支持。

表 5-14 分类表

已观测			已预测		
			社会网络策略类型		百分比校正
			0	1	
步骤1	策略类型	0	0	121	0.0
		1	0	234	100.0

续表

已观测			已预测		
			社会网络策略类型		
			0	1	百分比校正
	总百分比			65.9	
步骤2	策略类型	0	74	47	61.2
		1	33	201	85.9
	总百分比			77.5	
步骤3	策略类型	0	85	36	70.2
		1	39	195	83.3
	总百分比			78.9	

注：a 表示切割值为 0.500。

表 5-15 方程中的变量

变量	策略选择		
	Model1	Model2	Model3
控制变量			
年龄	0.045	0.075	0.073
性别	-0.522*	-0.448	-0.368
自变量			
一般自我效能感		-0.073	0.867
自我监控		-0.632**	-0.607*
构建社会网络自我效能感		-0.703***	-2.280***
时间压力		-0.752*	1.940
一般自我效能感×时间压力			-0.606
构建社会网络自我效能感×时间压力			0.903**
自我监控×时间压力			-0.826*
Cox & Snell R^2	0.013	0.294	0.331
Nagelkerker R^2	0.118	0.407	0.457
分类表总百分比			

注：被解释变量为社会网络构建策略选择；* 表示 P<0.05，** 表示 P<0.01，*** 表示 P<0.001。

5.2.2.4 未通过假设检验和性别变量对社会网络构建策略选择偏好影响的讨论

（1）未通过假设检验的讨论。通过上述数据分析，如表 5-16 所示，发现假

5 领导者社会网络构建策略的选择

设 1a 和假设 3a 并没有得到研究预想的结果。领导者一般自我效能感对领导者社会网络构建策略的影响并不显著，策略时间压力对领导者一般自我效能感与社会网络构建策略选择偏好的关系调节作用也不显著。

表 5-16　领导者社会网络构建策略选择的相关假设检验结果

命题/假设	领导者社会网络构建策略选择的相关假设检验结果	假设验证结果
假设 1a	一般自我效能感高的领导者相较于自我效能感低的领导者更倾向于使用建桥型策略	未通过
假设 1b	一般自我效能感低的领导者相较于自我效能感高的领导者更倾向于使用引桥型策略	未通过
假设 1c	构建社会网络自我效能感高的领导者相较于构建社会网络自我效能感低的领导者更倾向于使用建桥型策略	通过
假设 1d	构建社会网络自我效能感低的领导者相较于构建社会网络自我效能感高的领导者更倾向于使用引桥型策略	通过
假设 2a	自我监控水平高的领导者相较于自我监控水平低的领导者更倾向于使用建桥型策略	通过
假设 2b	自我监控水平低的领导者相较于自我监控水平高的领导者更倾向于使用引桥型策略	通过
假设 3a	策略时间压力对领导者一般自我效能感与社会网络构建策略选择偏好的关系起到调节作用	未通过
假设 3b	策略时间压力对领导者社会网络构建自我效能感与社会网络构建策略选择偏好的关系起到调节作用	通过
假设 3c	策略时间压力对领导者自我监控与社会网络构建策略选择偏好的关系起到调节作用	通过

针对上述发现，笔者认为至少有以下三个原因：

第一，诚如在研究设计开始时讨论的一样，有关自我效能感的研究认为不针对具体问题而探讨一般自我效能感的意义是有限的。虽然本章一开始认为由于社会网络的内容是非常丰富的，在与不同社会网络互动的过程中可能涉及与领导者多个方面的自我效能感，因此，一般自我效能感对领导者构建社会网络可能存在影响，但就实践检验来看，至少本次研究的实证结果并不支持这样的假设，而针对性更强的构建社会网络自我效能感却对社会网络构建策略选择偏好的影响却是显著的。这样的发现佐证了自我效能感研究中对明确任务导向的论点。

第二，在 Logistic 回归分析中，使用的是最大似然估计法。这重要估计方法对样本量的要求会更加苛刻。有学者认为，在样本规模小于 100 时使用最大似然估计风险较大,但样本量大于500时就会显得比较充分了,样本量越大就越适合(王济川和郭志刚,2001)。本章也发现了这一现象,在对前期对第一批初始数据(样本量为100多)进行分析时,假设检验均是不显著的,但待整体样本收集完毕之后,假设检验的显著性水平得到了提升。本书样本数量并没有超过500,因此不能排除样本量本身对该假设检验显著的影响。笔者在后续研究中将对此问题继续研究。

第三,研究发现,几乎所有的被试对象在填写一般自我效能感问卷时的得分都很高。人们一般不愿意承认自己的一般自我效能感水平低,但对某一方面却更容易承认。这对假设检验未能通过产生了直接的影响。具体来说,这一情况其实符合归因理论中利己主义归因偏向的相关结论,即人们总是趋向于把成功的结果转化为内因,而将不利的结果转换为外因。相对于一般自我效能感而言,具体任务相关的自我效能感中的任务可以与外部因素产生关联,因而人们即使承认在此方面的自我效能感不高,也可以将此归因到与任务相关的情境因素上去。从动机的角度来看,人们普遍具有增加和维护自我估计的动机,以及给他人留下良好印象的动机,这些因素客观上均可能造成被试对象在一般自我效能感水平的测试中出现居高不下的情况。

(2)性别变量对策略选择偏好影响的讨论。在组织行为学研究中,普遍都会将人口统计学变量作为控制变量,以规避掉其对研究变量的影响。本章的研究假设源于案例研究的发现与理论分析的结合,由于两个研究对象均为男性,研究并未涉及与性别相关的研究假设。但是在后续调查问卷的统计分析中发现,性别对社会网络构建策略偏好有显著的影响。对于这一意外而有趣的发现,让笔者注意到性别差异这一影响作用。在回顾有关性别差异的研究中,发现性别对组织战略选择和个体决策的影响是较为普遍的(Brian et al., 2014)。其中有两种理论与本章的研究相关:第一种是进化心理学理论,认为男性相对女性天生占据支配地位,他们更倾向于支配他人,而不是受人支配,这种社会行为的差异来自与性别有关的心理秉性(Psychological Disposition),这种秉性是人类通过基因不断适应原始环境逐渐内化而成的,它与生殖压力相关。简言之,男性在漫长的演化过程中形成了比女性更加渴求权力和控制的性格倾向。

第二种理论认为,制度与文化塑造了男性与女性在行为选择倾向上的差异。男性与女性在支配欲倾向的差异与社会发展形态相关,在男权制社会下,通常男性的支配和控制倾向更强,而在女权制社会下则相反。因此无论从上述哪个理论出发,都可以推出男性会比女性更加倾向选择便于自己支配和控制的行为策略。

虽然性别变量对社会网络构建策略选择偏好有影响，但笔者在问卷设计中已将其很好地控制，因此并不会对研究关注的假设检验产生干扰。

5.3 本章小结

本章基于案例研究发现影响领导者社会网络策略选择的因素至少包含领导者个体特质和组织情境两个层面的因素。其中领导者个体特质包括领导者自我效能感（一般自我效能感和构建社会网络自我效能感）和领导者自我监控两个因素；组织情境层的因素包含组织发展阶段、策略可达成性、策略成本、策略时间压力四个因素。同时，基于案例的分析，提出了有关领导者个体特质和组织情境因素对领导者社会网络策略选择影响的命题和研究假设，并通过问卷调查的方法对有关领导者社会网络策略选择的研究假设进行了检验，其中假设1a、假设1b和假设3a未通过验证，未得到数据支持，其他假设均通过了检验。

6 领导者社会网络构建策略的影响效应

本章主要关注领导者社会网络构建策略选择的影响效应。由于领导者构建社会网络的本质是将目标网络与组织内部网络相连接，而在本书研究中组织内部网络主要由领导者和高管团队成员构成，因此社会网络构建策略最直接的影响作用对象就是领导者本人和高管团队。由于有关领导者个人和高管团队层面的结果变量在管理研究中是非常丰富的，但限于篇幅、可行性和笔者的精力等多方面因素，本书研究并不需要也不可能对所有的变量进行关注，因此笔者在策略影响结果变量的选取上主要依据案例研究中数据的客观呈现，并结合了前人的相关研究和理论分析。具体地，在领导者个体层面，权力长期以来都是领导者研究所关注的核心，是解构领导行为和现象的关键（Pfeffer，1981；Mintzberg，1983；McClelland and Burnham，2003）。出于权力对领导者发挥领导作用的重要意义，本章集中关注了领导者策略选择对领导者权力的影响；而针对团队层面的影响效应，通常有两个研究取向即任务导向和情感导向，其中任务导向下的核心关注焦点通常为团队任务绩效和效率，情感导向下的最常关注的指标是团队稳定性（Bell and Marentette，2011）。本书为充分探讨网络构建策略对高管团队的影响效应，遵从了这样的研究取向，同时对高管团队稳定性和团队的任务绩效与效率进行了研究。

综上所述，本章对于领导者社会网络策略的影响效应主要集中在领导者权力、高管团队的稳定性和团队的任务绩效与效率方面。

6.1 领导者社会网络构建策略对领导权力的影响

领导者在组织中之所以可以影响他人是因为领导者具有权力（Pfeffer，

1981），因此，对领导者个人而言，权力一直是领导者组织生活中关注的焦点，是其在组织中发挥领导作用的基础（Mintzberg, 1983）。对于领导者权力的刻画，通常可以从两个视角进行：一是从领导者权力的来源视角，关注权力包含的内容；二是基于网络结构的视角，即从领导者所在网络的演化、领导者所处的网络位置和网络内其他成员的关联性演变来看领导者权力，通常会将个体的网络中心度作为描述权力的表征。从以上两个视角来看，凡是能够影响领导者权力来源以及对组织网络中领导者网络中心性产生影响的因素都可能对组织内的领导者权力产生作用。

领导者社会网络构建策略作为连接领导者所在网络与目标网络的策略行为，其在实施过程中既涉及组织信息和资源来源的演变，又涉及领导者网络结构特征的变化，因而势必对领导者的权力产生影响。鉴于两种策略方式存在本质上的不同，领导者既可能成为组织新信息或资源的提供者（建桥策略），也可能成为组织新信息或资源的渴求者（引桥策略）；同时两种策略的不同连接方式会引起后续网络的演化差异，并且会引起领导者在网络中的位置和网络中心度变化，因此领导者社会网络构建策略选择会对领导者在组织中的权力产生影响。

6.1.1 权力来源视角下领导者社会网络构建策略对领导权力的影响

领导者权力的基础是领导者控制或占有的稀缺资源，French 等（1959）通过按照不同资源体现出的差异性特点来解构领导权力，其将组织中的权力类型划分为强制权、奖赏权、法定权、专家权和参照权五种，成为权力研究中有关权力类型划分的经典之作。后来雷文（1974）在领导者权力来源的研究中有了新的发现，进一步丰富了有关权力的来源类型，他认为领导者对于信息的获取和控制也是权力的一种来源，就此提出了信息权。上述每种权力的内涵如下：强制权源自对惩罚的威胁，如果目标对象不服从领导者的命令，将承担不希望得到的后果；奖赏权源自对可见的经济或非经济利益的控制，目标对象完成领导者的指定任务后会获得相应的积极奖励；法定权源自领导者在组织中的正式职位，目标对象的服从来自对其所在组织和领导角色的认同；专家权源自对专业知识和技能的掌握，目标对象的服从来自对领导者在任务相关领域的工作经验、知识和能力的信任；参照权源自对参照对象的钦佩，目标对象的服从来自取悦领导者的愿望；信息权源自对关键信息的掌握，目标对象的服从来自对所需信息的渴求。

有关权力的另一个重要划分来自巴斯（1960），他将领导者权力来源划分为职位权力和个人权力两类，其中，职位权力源自领导者在组织中所处的正式职位对目标下属产生的影响作用；个人权力源自领导者个人能力和品质对目标下属产生的影响作用。巴斯对领导者权力来源的划分对有关权力的研究影响深远，French 等提出的权力基础模型也可被视为领导者职位权力和个人权力的细化，其中，强制权、奖赏权和法定权属于职位权力范畴，参照权、专家权和信息权属于个人权力范畴（见表6-1）。

表6-1 权力来源视角下领导者权力类型

权力类型		权力来源
职位权力	强制权	源自对惩罚的威胁，如果目标对象不服从领导者的命令，将承担不希望得到的后果
	奖赏权	源自对可见的经济或非经济利益的控制，目标对象完成领导者的指定任务后会获得相应的积极奖励
	法定权	源自领导者在组织的正式职位，目标对象的服从来自对其所在组织和领导角色的认同
个人权力	参照权	源自对参照对象的钦佩，目标对象的服从来自取悦领导者的愿望
	专家权	源自对专业知识和技能的掌握，目标对象的服从来自对领导者在任务相关领域工作经验、知识和能力的信任
	信息权	源自对关键信息的掌握，目标对象的服从来自对所需信息的渴求

从以上分析可知，强制权、奖赏权、法定权与领导者的职位相关；参照权与领导者个体魅力相关；专家权与领导者的专业知识技能、经验和知识相关；信息权与领导者对信息的获取和控制相关。领导者社会网络构建策略是构建组织网络和目标网络连接的策略方式，不会在短时间内对领导者的组织内部职位和个体性格特征产生直接的影响，尤其对于本书案例研究中领导者已经处在企业最高职位的情况，无论领导者采用哪种策略方式均不可能再对领导者组织中的职位权力产生直接影响。尽管领导者社会网络在长期来看可能对领导者的诸多方面产生影响，但是心理学普遍认为领导者的个性特征是长期稳定的，因此领导者社会网络构建策略的选择也很难对领导者的参照权产生直接影响。综上，领导者社会网络构建策略不会对领导者拥有的职位权力和个人权力中的参照权产生显著的影响效应。

领导者的社会网络蕴含着大量的潜在资源和信息（Lin，1999a），是组织和领导者个人获取信息和资源的主要渠道之一（曹春辉和席酉民，2014）。同时有研究表明领导者的社会网络结构位置将影响其对网络中信息的掌控，那些身居结构洞位置的人将具有掌控信息的优势（Burt，1992）。也就是说，那些占据网络结构洞的人将拥有信息权。引桥策略与建桥策略最大的差异就在于领导者在构建社会网络时是否占据结构洞的位置；当领导者采用引桥策略时，目标网络中的互动对象将占据组织内部网络和目标网络之间的结构洞位置，掌控着目标网络具有的信息，组织内的成员出于对目标网络中信息的渴求将增加对其的依赖性，即享有信息权；当领导者采用建桥策略来构建社会网络时，领导者将占据组织内部网络和目标网络之间的结构洞位置，进而掌控目标网络与组织之间的信息流动，享有信息权。例如，领导者在商会里发掘到新的需求订单和合作意向等，这些信息无疑是组织内部员工渴求得知的重要信息，而此时领导者就成为员工获取该类信息的提供者，这将强化组织内成员在信息来源上对领导者的依赖，而这正是权力依赖理论中对于权力内涵的释义，即通常将个体对于另一个体的依赖视为权力（Emerson，1962）。综上分析，领导者在构建社会网络时采用的社会网络构建策略差异将会对领导者获取和掌控信息产生影响，因而影响到领导者的信息权。

基于此，本章提出命题7：

命题7：领导者社会网络构建策略的选择会对领导者的信息权产生影响；相对于引桥策略而言，领导者采用建桥策略来构建社会网络更有利于提升其在组织中的信息权。

同理，当领导者构建的目标网络涉及专业的知识领域时，如行业协会成员网络或关于领导、管理技能的知识网络，领导者的社会网络构建策略将会对领导者的专业知识技能产生影响。当领导者采用建桥策略时，领导者由于占据桥的重要位置，相对于组织内部网络的其他成员，将最先学习到这些专业知识和技能，而其在向组织成员传递这些专业知识技能时，某种程度是彰显其专家权力的过程。领导者由于占据了重要的网络结构位置，并拥有了相对于组织内部成员而言更加专业的知识和技能网络平台，进而增加了其自身拥有的专业技能、知识和经验，增强了其在组织中的专家权。例如，研究案例数据中多次表明，研究对象Y在组织中具有较为丰富的行业知识，几位高管都曾间接表露出对Y在专业知识领域权威性的信服，而研究对象Y在该类专业知识的获取上主要来自与行业知识网络中个体的互动。

当领导者采用引桥策略构建社会网络时，从目标网络被引进的人成为构建组织网络和目标网络的桥，掌控着目标网络具有的专业知识，被引进组织网络中的人将充当组织内某领域专家的角色，其在传递目标网络信息时就是其彰显专家权力的过程。在此情景下，领导者将和其他组织成员一样成为信息来源的渴求者和专业知识的受众，组织内的成员将出于对目标网络知识的渴求而增加对其的依赖。

综上分析，本章提出命题8：

命题8：当目标网络涉及专家知识、技能和经验时，领导者社会网络构建策略的选择会对领导者的专家权产生影响；相对于引桥策略而言，领导者采用建桥策略来构建社会网络更有利于提升其在组织中的专家权。

6.1.2 网络结构视角下领导者社会网络构建策略对领导权力的影响

相较于French（1959）基于权力来源的研究，社会学里更多的学者倾向于将权力视为一个整体性的影响，社会网络研究的兴起给领导者权力的研究带来了新的视角，即是结构而不是个体本身决定了权力（Wrong，1979），这种基于结构化视角对权力的诠释在某种程度上解构了领导者权力的神圣性，重新塑造了人们对于领导者权力的认知。领导者的权力可能不仅仅是由于其个人具有某些固有的优秀品性，也有可能是因为他站在了正确的网络位置上（Brass，1984）。

权力的本质是一种依赖，行动者的互相依赖是互动结构和相互权力的主要决定因素，当行动一方对另一方有更多的依赖时，权力就产生了（Emerson，1962），这种依赖的载体可以是资源、信息以及财物等。基于这样的理解，可推知领导者权力与其所具有的资源相关，当领导者具有其他个体所渴求的资源，而其他个体又不能从其他渠道获得这种资源时，下属就会对领导者产生更强的依赖，领导者就会拥有权力。社会网络的相关研究又表明领导者在社会网络中的结构位置与资源、信息的掌控密切相关（Burt，1992），那些占据结构洞位置或者占有网络中心度较高位置的领导者通常被认为具有更高的权力，因为占据这样位置的个体往往拥有更多获取和掌控资源的机会（Brass，1984）。因此领导者在社会网络中的结构位置可以影响权力（Brass and Burkhardt，1993）。

同时还有研究表明，领导者的策略行为会对所处社会网络位置产生影响，策略行为和结构位置将一同对权力产生作用（Brass and Burkhardt，1993）。领导者采用不同的社会网络构建策略，也会对领导者所处的网络结构位置产生影响。当领导者采用建桥策略来构建社会网络时，将占据组织内部网络与目标社会网络的结构洞位置，因而便于获得信息和资源，进而潜在增加了组织内部成员对其的依赖性，从而提升了领导者在组织中的权力；当领导者采用引桥策略来构建社会网络时，引入组织内部的目标网络中的个体将占据结构洞的位置，掌控目标网络中蕴含的资源和信息，若领导者和组织内的其他成员对目标网络中的资源和信息有所渴求，便会产生对其的依赖。此外，也有研究（Blau and Alba，1982）表明连接两个不同网络的个体更有可能获得权力。

同样基于网络结构的视角，领导者社会网络构建策略对领导者权力产生影响的另一原因是领导者社会网络构建策略的选择可以影响领导者的网络中心性，网络中心性被认为是网络视角下衡量个体权力的主要指标（Brass，1984；Brass and Burkhardt，1993）。领导者社会网络构建的两种策略本质上是连接组织内部网络和目标社会网络的两种方式，建桥策略是领导者主动进入目标社会网络，成为其中的一员，并开启了领导者与目标网络中个体的互动过程，可以预见随着时间的推移，领导者逐渐与新的社会网络群体成员熟悉起来，交流的频率和交流的对象都会增加。从图论的角度来看，将领导者和互动的个体抽象为点，将彼此之间的关联互动抽象为边，那么与领导者相连接的边将越来越多，依据网络中心性的定义（一个节点的中心性是该点的节点度，即指和该节点相关联的边的条数），领导者采用建桥策略将提升其在网络中的中心性，进而增强其在组织中的权力。当领导者采用引桥策略时，组织内部网络与目标网络之间的连接并不通过领导者，领导者与目标网络的互动主要通过被引入组织内部网络中的目标网络成员（可称为 A），尽管领导者的互动对象也有所增加，甚至通过 A 的介绍，领导者也有一定的可能认识目标网络中的新成员，但是相较于建桥策略，领导者直接进入一个新的社会网络，与其中的成员互动，明显采用引桥策略时领导者增加的互动对象数量是相对局限的。也就是说，引桥策略相较建桥策略而言，在提升领导者网络中心性方面不具备优势。

基于上述分析和讨论，本章提出命题 9：

命题 9：领导者社会网络构建策略的选择会影响领导者所在社会网络的中心性，进而对领导者的权力产生影响；相对引桥策略而言，领导者采用建桥策略来构建社会网络更有利于提升其在组织中的权力。

6.2 领导者社会网络构建策略选择对高管团队稳定性的影响

在研究的过程中，笔者发现尽管两位研究对象所在的企业高管团队在整个企业发展过程中都经历了几次变动，但是两个企业在高管团队变动频率上却存在较大的差异，一个变动得较为频繁，另一个相对稳定。作为管理研究中组织层面的研究焦点，团队稳定性一直是衡量团队绩效的重要参考指标（Hackman，1987）。因此相应的发现很自然地引起了笔者的关注和浓厚的兴趣。笔者在后续进一步的数据分析中发现，领导者社会网络策略可能与上述现象相关，并在此基础上，结合了前人的研究成果和相关的理论分析，提出了相应的命题假设和有关领导者社会网络构建策略选择对高管团队稳定性的影响效用模型。

6.2.1 案例研究中的发现

在案例研究中，笔者已经发现两位研究对象在社会网络构建策略选择上存在显著差异，并对引起这些差异的可能因素进行了分析。在对两种网络构建策略的影响效用进行分析时，发现两位研究对象所在高管团队的稳定性存在显著差异。在访谈过程中，结合案例数据信息，笔者逐渐意识到这可能与领导者在社会网络构建策略上的选择差异有关，事实上研究发现和数据分析是在彼此交互螺旋递进中进行的，具体的研究过程如下：首先，基于案例数据对两家企业高管团队的典型变动进行梳理；其次，就历次高管团队人员变动的成因进行分析；最后，对研究发现进行总结。

在对案例数据进行分析时，发现研究对象 X 所在的高管团队经历了多次成员变更，现有高管团队成员平均任职时间为 3.5 年，而对比来看，研究 Y 所在的高管团队则相对较为稳定，现有高管团队成员平均任职年限为 6 年。研究对象 X 的高管成员几次离开团队均由于研究对象 X 采用引桥策略后，引入组织内部的目标网络成员与原高管团队成员之间产生了冲突，因而离开团队。这样的情境在研究对象 X 的数据中普遍存在。下面的一些访谈数据可以鲜明地反映出领导者社会网络构建策略对高管团队稳定性的影响。

案例 X 示例：

研究者 C：您说 X 总是倾向从外面招聘人员到高管团队任职，这样的方式不会引起高管团队内部的老成员不满吗？

访谈对象 D：X 总确实喜欢从外面招人，很多时候组织确实也需要人，内部的成员水平不够嘛。但是这样一来就容易引起纷争。公司股改之后从外面引进了一大批人做高管，如 XJ 等，这些人进入之后就与原来的高管产生了分歧。公司越做越好，有了利益，就有纷争。新来的高管与原有老成员在利益分配和管理理念上都有冲突。这期间前前后后来了很多人，也走了很多人。比方说，1998 年股改完以后，当时的高管 SJ 就离开了，XJ 在 1998 年也离开了，后来 ZW 也离开了，但 SJ 后来又回来。反正那时候挺折腾的，高层成员变动比较大。

研究者 C：引起高管团队变动的因素很多吧？

访谈对象 D：为什么要不断地引人是中间出了问题，这些人水平不够，我才去招人，或者说这些人工作配合已经有问题了，我才从外边找人的，往深了说跟企业制度有关，跟 X 自身也有关。但是我觉得 X 总持续从外面招人空降，而对内部人员培养不足是根本原因。引进人之后，新人与老成员不合，工作配合又出问题，老成员走人，然后又需要招人，循环往复。

研究者 C：为什么说与 X 总也有关呢？

访谈对象 D：就是 X 总只有小学文化，他对管理其实也不太懂。公司很多事情他自己搞不定，就只能从外面招人来管理。结果招来的人又与公司里的人配合不来。本来嘛，公司的老成员有的跟着 X 总比较久了，然后公司效益刚好一些，外来的人就任了高职，老成员心理不平衡嘛。

资料来源：文本 X-TM-D。

案例 Y 示例：

研究者 C：您怎么看待从外面招人到管理层的事情？

访谈对象 Y：以前也从外面空降过高管，企业早期的时候。我就是感觉公司的这些人跟不上我的步调，很多理念太落后了。经朋友介绍，招了职业经理人。也不能说人家没水平，但是这样一来呢，其他几个高管都不满意，觉得不公平了，工作起来也总是有摩擦和冲突。几次下来，我也就不招了。实在不懂不会的，就自己学，去上 MBA 班，然后回来给他们讲，慢慢地，他们也就跟上来了。

资料来源：文本 Y-Y。

从案例研究来看，两位领导者在使用引桥策略时都有引起高管团队不稳定的情况发生，而由于研究对象 Y 采用引桥策略的频率低，高管团队的稳定性相对更好。因此，社会网络构建策略可能会对团队的稳定性产生影响，引桥策略的使用可能造成高管团队稳定性的下降。

6.2.2 相关研究的启示

尽管上述案例分析中发现了领导者社会网络构建策略选择对高管团队的稳定性存在影响，但是对于二者之间的影响作用机理尚不清晰。而要对上述机理进行分析，就需要对影响团队稳定性的核心因素进行辨析，对其中的影响机制进行归纳总结，现有的研究为我们提供了很好的参考和借鉴，为我们相应命题假设的提出提供了理论支撑。

通常认为团队稳定性是指一个团队维持其成员稳定组成的潜能以及团队成员

愿意留在一起继续保持团队的形式进行工作（Balkundi and Harrison，2006），其内涵包括三个方面即团队成员的满意度、参与性和愿意持续共同工作的意愿（Resick et al.，2010）。已有研究表明，团队冲突（De Wit et al.，2012）和团队的网络结构特征（Balkundi and Harrison，2006）是影响团队稳定性的核心因素，团队冲突会损害团队的稳定性（Jehn et al.，1999），无论是任务冲突、过程冲突还是人际冲突都会降低团队稳定性的水平。同时，有研究表明，领导者的声望和所处的网络位置结构会通过对团队内的冲突作用而对团队稳定性产生影响（Jehn et al.，2009），领导者在组织的声望越高越容易获取团队成员的信息和信任，而这些因素可以降低团队内部的矛盾（Jehn and Mannix，2001）。领导者的社会网络中心度水平和社会网络密度也对团队的稳定性有显著的影响，领导者的网络中心度越高团队的稳定性越好（Jehn et al.，2009）；领导者工具型社会网络密度越大团队稳定性水平越高（Balkundi and Harrison，2006）。

综上，影响团队稳定性的因素主要有团队冲突、领导者声望和领导者工具型网络密度，凡是对上述三个因素产生影响作用的策略行为，将可能对团队的稳定性产生影响。

6.2.3 理论命题的提出

两种社会网络构建策略对领导者的网络结构特征存在不同的影响效应，正是由于这种影响会对团队的稳定性产生作用。

（1）领导者社会网络策略会对领导者工具型社会网络密度产生影响。事实上，本章中领导者构建社会网络的过程本质上就是基于任务目标导向下，将目标网络与组织内部网络相连接的过程。从网络密度的定义来看，无论是建桥策略还是引桥策略，只要是领导者构建网络成功之后，相较于原来的组织内部网络密度而言，网络的规模和密度都将会扩大，但是相对而言，建桥策略下，领导者将走向一个新的网络群体中，并将成为其中的一员，可以预想，随着时间的推移，领导者将逐渐与目标网络中的个体熟识起来，以便通过互动获得目标网络中的知识和资源，因此通常情况下网络密度将预期增加；而引桥策略下，领导者和组织内的其他成员，可以通过与引入目标网络中的个体成员互动，实现对目标网络资源和信息的获取，从而对与目标网络中其他成员互动的需求将相对降低。因此，相较于引桥策略，领导者采用建桥策略将更有可能提升网络密度。而现有研究表明，领导者所在的工具型网络密度越大，团队的稳定性越好。由此可得，相对于引桥策略，建桥策略更有利于高管团队的稳定性水平。

6 领导者社会网络构建策略的影响效应

（2）领导者社会网络策略会对领导者的声望产生影响。从网络视角来看，领导者的声望与其网络中心度相关（Mehra et al, 2006），而在前述对领导者权力影响研究中已经分析得出，建桥策略相较于引桥策略更容易提升领导者的网络中心性，因此相较于引桥策略，建桥策略更有利于获得较高的声誉。同时，已有研究表明领导者的声誉可以降低团队内部矛盾，进而提升团队的稳定性。由此可得，相较于引桥策略，建桥策略更有利于高管团队的稳定性水平。

（3）领导者社会网络策略会对团队矛盾产生影响。相对于建桥策略，引桥策略的实施将从外部目标网络引进新的成员进入高管团队，这将潜在的引起原有组织成员的任务、权力、声望的重新分配，进而可能引起原有成员的不公平感知，从而引发冲突，继而降低团队稳定性（Jehn and Bendersky, 2003）。案例研究中也很好地呈现了这一逻辑特征。而团队冲突是降低团队稳定性的核心因素，由此可得，相较于引桥策略，建桥策略更有利于高管团队的稳定性水平。

综上所述，结合案例研究的启示和相应理论的分析，提出命题10：

命题10：领导者社会网络构建策略的选择会影响高管团队的稳定性；相对于引桥策略而言，领导者采用建桥策略来构建社会网络更有利于维持团队的稳定性。

同时，笔者结合前述逻辑分析，总结归纳出领导者社会网络构建策略选择对团队稳定性的影响机理模型，如图6-1所示。

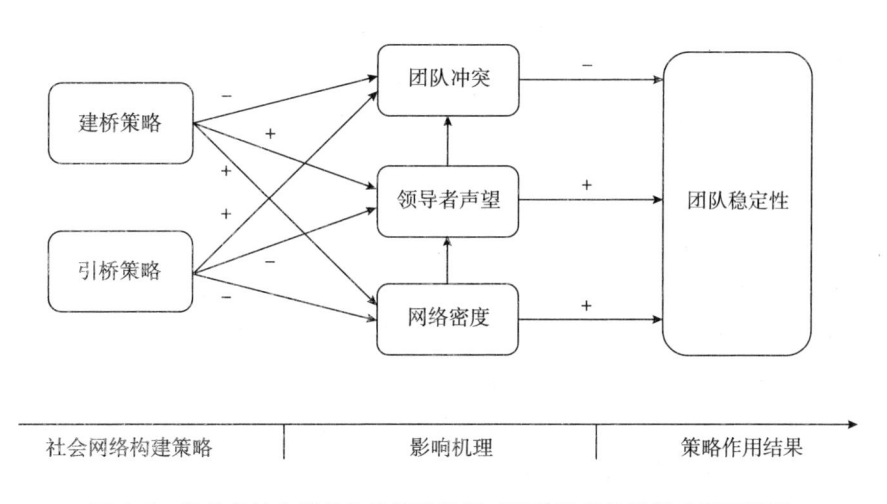

图6-1 领导者社会网络构建策略选择对团队稳定性的影响机理模型

6.3 领导者社会网络构建策略选择对高管团队绩效和效率的影响

鉴于管理实践中团队绩效影响因素的多样性，让研究很难剥离繁杂多样的各类因素干扰来直接研究领导者社会网络构建策略对高管团队绩效的影响，对此，现有研究普遍采用的应对方法是对管理的现象和情境进行抽象模拟，对不确定性的影响因素进行控制；同时，由于两种网络策略的使用涉及领导者个体行为的选择、社会网络内个体间的非线性互动以及个体与所在网络的协同演化，通常这类影响作用都是非线性的，需要从时间的维度来考察策略对团队任务绩效的影响效果。因此笔者选择用仿真实验方法来研究领导者社会网络构建策略对团队任务绩效和效率的影响。

6.3.1 领导者社会网络构建策略选择对高管团队任务绩效的影响

通过对双 E 仿真模型的设计，仿真实验研究领导者社会网络策略选择对团队任务绩效的影响，笔者发现两种领导者网络构建策略与高管团队任务绩效的关系如图 6-2 所示。其中，引桥型策略在短期内绩效高，但长期绩效低；而建桥型策略正好与之相反，其在短期绩效低，但长期高。两种策略的特点在绩效收敛时间和收敛水平上显示出了差异。

6.3.2 领导者社会网络构建策略对高管团队任务效率的影响研究

显然，领导者在构建社会网络时需要花费个人和团队的时间、精力、资源，这无论对于领导者个人还是团队来讲都是成本。如此，以一个合理的成本追求较高的绩效便是一个值得领导者和团队关注的研究话题。如上述两种策略的特点，引桥策略通常在短期内可以尽快地提升团队绩效水平，而长期绩效水平则低于建桥策略；建桥策略通常在短期对团队绩效水平的影响不及引桥策略，而长期绩效水平则高于引桥策略。即引桥策略具有短期时效性优势，建桥策略具有长期的高绩效优势。从研究案例和管理实践来看，案例中的两位领导者尽管在社会网络构建策略的选择上展现出了不同的倾向性，但两位研究对象均既采用了建桥策略也采用了引桥策略。事实上，面对纷杂的组织情境，通常领导者很难使用单一策略

6 领导者社会网络构建策略的影响效应

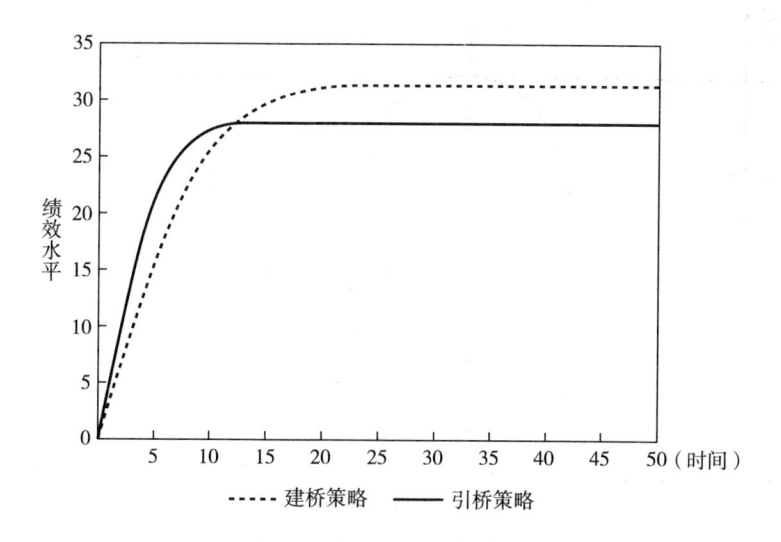

图 6-2　领导者社会网络构建策略对高管团队任务绩效的影响

构建网络，而且当领导者只使用单一策略时，将面临要么以牺牲时间为代价获得更好的团队绩效水平，要么以牺牲绩效水平为代价获取时间上优势的两难情境，进而限制了团队任务效率水平的提升。

当领导者同时使用两种策略即混合策略来进行网络构建时，可以综合利用两种策略的优势，即充分利用引桥策略的时效性和建桥策略的高绩效性，并寻求一种平衡，从而更好地提升团队任务效率。如图 6-3 所示，团队任务效率存在理论的最优效率策略平衡点，即图 6-3 中的点 A，可以将它理解为领导者在面对一系列任务的某段时间里，采用建桥策略和引桥策略的比例，当领导者采用这样的策略构成时，可以达到最高的团队任务效率值 D。基于以上分析和前述研究，我们认为社会网络构建策略选择与团队任务效率存在一种倒"U"形曲线关系，单一策略选择比重越大，团队任务效率值可能越低。但值得注意的是，图 6-3 是领导者社会网络策略选择对团队任务效率的影响示意图，实际理论上的最优策略平衡点与两种策略的具体时间和绩效效用水平相关，策略平衡点未必一定在倒"U"形曲线的对称轴中心位置上，即两种策略并不是对半使用就可以实现团队任务绩效的最优值。

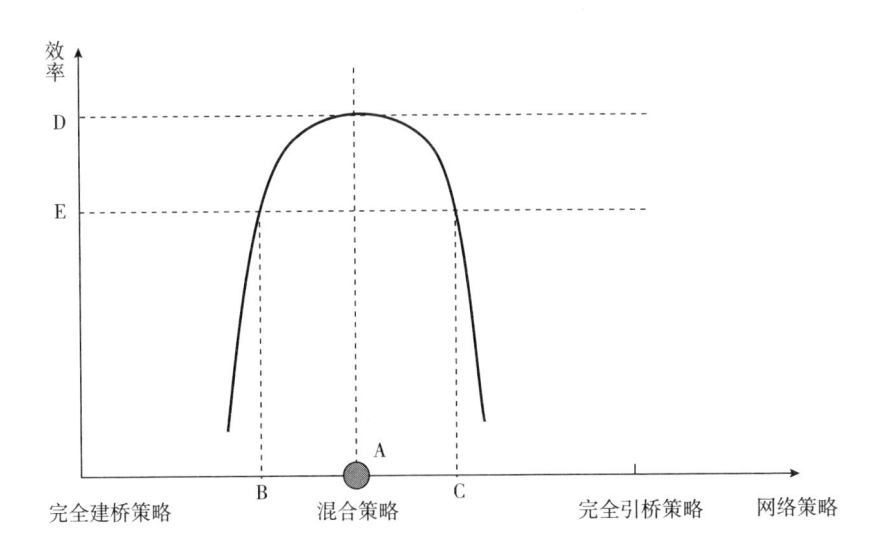

图 6-3 网络策略选择对团队效率的影响

注：A 表示最优策略平衡点；B、C 表示策略临界点；D 表示团队效率峰值；E 表示团队效率满意值。

同时，更具实际意义的情况是，领导者社会网络构建策略的选择并不一定需要追求团队任务效率的最优值，大多数情况下团队任务的效率只要满足需求即可（达到效率值 E），此时针对团队效率满意值 E 存在一个对应的策略选择区间，即图中 BC 所示。

有关领导者社会网络构建策略选择对团队任务效率的分析，以及上述倒"U"形曲线关系的发现，给领导者社会网络构建策略的选择提供了参考和借鉴。即使领导者个体特质的差异会引起领导者个人存在构建策略选择上的偏好，但是基于两种策略选择对团队任务效率的影响，理性的领导者有时需要克制自己的个性偏好，更加综合地使用两种策略，以实现团队任务效率的提升。

6.4 本章小结

本章分别从个体和团队两个层面出发关注了领导者社会网络策略选择的影响效应。研究发现，领导者社会网络策略的选择会对领导者的权力、团队的稳定性和任务绩效及效率产生影响，在此基础上，笔者提出了相关研究命题。相对而言，建桥策略在提升领导者权力和维持团队稳定性上具有一定的优势，而两种社会网络构建策略在对团队任务绩效的影响上各具特点，引桥策略具有短期时效性优势，建桥策略具有长期的高绩效优势。通过领导者社会网络策略对团队任务效率的影响研究，发现两种社会网络构建策略的选择与团队任务效率之间存在倒"U"形曲线关系，单独使用任何一种策略，团队的任务效率都不高，而通过两种策略的综合使用可以实现团队任务效率的提升，并且存在实现团队效率最优的理论均衡点。

7 结论、贡献与展望

本章主要是对本书的研究结论和贡献进行总结,并对研究方法、内容、结论进行了反思,讨论了研究的局限和不足,以及对未来的研究进行了展望。

7.1 结论

第一,领导者的社会网络涵盖组织内部网络和组织外部网络,其中组织外部网络主要由知识网络、政府关系网络、商业合作网络、同历网络和亲友网络组成,这些网络彼此交融,为领导者所在的组织提供了信息、财务、人力等诸多资源,并间接推动了组织变革等各项组织战略的实施,有助于组织获得竞争优势和应对危机。

第二,领导者出于实现个体和组织的目标,存在潜在的动因来构建社会网络。其中,在组织层面,领导者为了获得组织所需的潜在资源和推动组织战略的实施,会主动进行社会网络的构建活动;在个体层面,领导者为了获得权力、声誉、领导力提升和满足情感社交的需求,会主动进行社会网络构建活动。当领导者是组织的所有人和决策者时,两个层面的动机会高度融合。

第三,领导者构建社会网络的本质是将目标网络与组织内部网络相连接,领导者构建社会网络存在两种策略方式:建桥策略和引桥策略。其中,建桥策略是指领导者自己作为连接组织内部网络和目标社会网络的"桥",领导者成为目标社会网络中的一员,占据结构洞位置,以此来搭建新的社会网络,获取资源的策略;而引桥策略是指领导者自己不作为"桥",从目标社会网络中引进人员进入组织内部网络,从目标社会网络引入的新成员作为连接两个网络的"桥",占据结构洞位置，以此来获取资源的策略。两种网络策略在理论特征与实践表征上具有显著的差异，领导者正是通过两种策略的使用构建了新的社会网络，实现了组织内部网络与目标网络之间的连接。

第四，领导者个体特质和组织情境是影响领导者社会网络策略选择的主要因素。在领导者个体特质方面，领导者的自我监控水平和构建社会网络的自我效能感可以影响领导者的社会网络构建策略的选择。自我监控水平高的领导者相较于自我监控水平低的领导者更倾向于使用建桥型策略；自我监控水平低的领导者相较于自我监控水平高的领导者更倾向于使用引桥型策略。构建社会网络的自我效能感高的领导者相较于构建社会网络的自我效能感低的领导者更倾向于使用建桥型策略；构建社会网络的自我效能感低的领导者相较于构建社会网络的自我效能感高的领导者更倾向于使用引桥型策略。在组织情境因素方面，企业的发展阶段、策略成本、策略可达成性和策略时间压力会对领导者的社会网络构建策略选择产生影响。其中，组织所处的发展阶段影响领导者社会网络构建策略的选择体现为：在企业的创业阶段和成长阶段，领导者倾向于选择引桥型网络策略；在企业的成熟阶段，领导者倾向于选择建桥策略。策略时间压力可以影响领导者社会网络构建策略的选择，在领导者个体特质对社会网络构建策略选择偏好的影响关系中起到调节作用。

第五，领导者社会网络构建策略的选择可以影响领导者的权力。其中领导者社会网络构建策略的选择会对领导者的信息权产生影响。相较于引桥策略而言，领导者采用建桥策略来构建社会网络更有利于提升其在组织中的信息权。而当目标网络涉及专家知识、技能和经验时，领导者社会网络构建策略的选择会对领导者的专家权产生影响。相较于引桥策略而言，领导者采用建桥策略来构建社会网络更有利于提升其在组织中的专家权。此外，领导者社会网络构建策略的选择还会通过影响领导者社会网络的中心性，来对领导者的权力产生影响。相较于引桥策略而言，领导者采用建桥策略来构建社会网络更有利于提升其在组织中的权力。

第六，领导者社会网络构建策略的选择会影响高管团队的稳定性。相对于引桥策略而言，领导者采用建桥策略来构建社会网络更有利于维持团队的稳定性。

第七，两种社会网络构建策略在对团队任务绩效的影响上各具特点，引桥策略具有短期时效性优势，建桥策略具有长期的高绩效优势。通过领导者社会网络策略对团队任务效率的影响研究，发现两种社会网络构建策略的选择与团队任务效率之间存在倒"U"形曲线关系，单独使用任何一种策略，组织的任务效率都不高，而通过两种策略的综合使用可以实现团队任务效率的提升，并且存在实现团队任务效率最优的理论均衡点。

7.2 贡献

首先，笔者提出了领导者构建社会网络的两种策略：建桥策略和引桥策略。依据领导者在构建社会网络时所占据的网络位置差异，给出了两种网络策略的内涵，并结合案例研究探讨了两种策略在管理实践中的具体表征，这在一定程度上弥补了领导者社会网络研究中多以既有连接网络为基础进行静态研究，而对于社会网络构建过程和形成机理等动态过程化研究的不足。本书的研究揭示了领导者构建社会网络的方式，对领导者社会网络的形成机理和动态演化研究做出了贡献。

其次，笔者通过案例研究发现，个体特质和组织情境是影响领导者选择社会网络策略的重要因素，并分析了上述因素与领导者社会网络构建策略选择之间的影响关系。领导者的自我效能感和自我监控可以预期领导者在构建社会网络时的策略选择偏好，而策略时间压力对此起到了调节作用。个体特质与网络结构特征、组织情境和领导者策略行动选择之间的关联性，弥补了社会网络研究中多只关注个体的网络位置差异与关系特征差异，而忽略了个体特质与行为策略差异的不足，推进了"后结构主义"视角下领导者社会网络的研究。同时，组织情境因素对领导者社会网络构建策略选择具有影响，间接表明组织也会反过来对领导者的社会网络产生影响，进而弥补了相应的理论空白，对领导者社会网络与组织之间的影响作用研究做出了贡献。

再次，通过仿真实验设计，笔者构建了领导者社会网络策略模型，分析了领导者构建社会网络的两种策略对团队任务绩效和效率的影响，指出两种构建网络策略在团队绩效水平和收敛时间上存在差异，引桥型策略具有短期时效性却长期绩效低；建桥型策略短期时效低，但具有长期的高绩效水平。同时，笔者发现领导者社会网络策略选择与团队任务效率存在倒"U"形曲线关系，因此，领导者可以通过使用混合策略获得满意的团队任务效率。本书的探索性研究为领导者构建社会网络的策略选择提供了参考。

最后，本书研究了领导者社会网络构建策略对领导者权力和高管团队稳定性的影响。研究发现，建桥策略更有可能提升领导者的信息权和专家权；而建桥策略更可能通过提升领导者的网络中心性水平而获得更多的权力。本书从社会网络动态构建的视角对领导者权力的演变研究做出了贡献。同时，在对高管团队稳定性的研究中发现，相较于引桥策略而言，建桥策略在维持团队稳定性上具有优势，并给出了领导者社会网络构建策略选择对团队稳定性的影响机理模型。本书一方面从领导者社会网络构建的研究视角丰富了团队稳定性的研究内容；另一方面对领导者社会网络的影响效应研究做出了贡献。

7.3 反思与展望

7.3.1 研究反思

作为运用混合型研究方法，从社会网络的视角对领导者社会网络构建机理的一项探索性研究，本书在研究方法和内容上都做了新的探索和尝试，因此在研究结束前时有必要对研究的方法、内容、结论作系统的反思，以明晰研究的利弊得失，并展望未来研究。

7.3.1.1 研究方法的反思

本书采用了以研究问题为导向的混合研究方法中的探索性序贯研究设计框架，首先，采用案例研究方法来探寻领导者构建新社会网络的策略；其次，结合案例研究发现和理论分析提出了命题和假设，并使用调查问卷的方式对研究假设进行了检验；最后，基于研究问题的需要，采用了仿真实验的方法对社会网络构建策略进行建模，探索性地研究其对团队绩效和效率的影响效应。

在研究过程中，一方面，笔者感受到混合型研究设计在数据收集和分析上带来的便利以及多种研究方法相互融合对研究问题高度适配的优势；另一方面，哲学与管理研究方法论在研究中也发挥了重要作用。同时，混合研究方法的使用对研究者提出了较高的研究要求，其中，对于多种研究方法的掌握和对混合研究方案设计本身的学习需要大量的时间和精力，同时还要面对时下管理学单一研究方法畅行的实际情形，其中艰辛非亲自体会而难以名状，这可能也是国内管理研究中混合研究方法并不普遍的主要原因。但从解决研究问题本身来看，混合型研究方法具有收集和处理数据的显著优势，它可以综合利用质性和量化数据，并能够针对研究问题的特征提出整合的设计方案,可以解决彼此相关的系列问题,通过融合多种研究方法的优势,提供了更好的研究效度,因而有理由相信在未来的管理学研究中将出现越来越多的混合研究设计方案。

7.3.1.2 研究内容的反思

本书主要围绕企业领导者社会网络构建机理展开研究,但是限于笔者的阅历、知识结构和篇幅,本书对领导者社会网络策略类型、领导者社会网络的前因变量和领导者社会网络策略的影响效应的研究有所不足。首先,尽管本书以领导者构建社会网络时是否自己占据"桥"为本质差异,所提出的两种网络构建策略是完备的,但理论上显然也存在基于其他视角下划分的网络构建策略,领导者是否还存在其他网络构建策略以及又具有怎样的特点仍需要后续的进一步探究。其次,尽管从领导者个人特质和组织情境两个角度来探寻影响领导者社会网络策略选择的思路是合理的,并为后续研究提供了较好的基础,但是鉴于领导者个体特质的多样性和组织情境的复杂性,可以预期还存在其他因素会对领导者选择网络构建策略产生影响,本书只述及了案例中可以呈现的影响因素,对于其他影响因素,还需要进一步的探索和发掘。同理,领导者社会网络策略的影响效应也应当是多样的,无论是对领导者个体层面还是团队和组织层面,均还有大量需要研究和探讨的空间;对于社会网络策略的影响机理研究也需要进一步深化。

7.3.1.3 研究结论的反思

本书的研究对象以组织中的最高领导者为主,其组织内部网络的成员主要以高管团队成员为代表,虽然得出的这些结论有其内在的系统性和逻辑,组织中其他团队的领导者理论上也具备运用这两种网络构建策略的可能,但由于不同层级的领导者在权力因素等多方面具有差别,高管团队与组织中的其他团队也存在差异,因此,本书的相关结论是否也适用于其他类型的团队,还需进一步的论证。

此外,针对研究目的,本书的案例研究是基于理论抽样选取的,两位研究对象所在的企业在行业属性、企业发展历程、外部政治和经济环境上具有较强的相似性,限于精力和篇幅,本书没有拓展案例的样本数量来探讨行业属性和组织外部环境对领导者选择网络构建策略的影响。

综上,任何科学研究的结论都需要以边界条件为支撑,本书研究结论的外部效度边界仍然需要进一步的研究探讨。

7.3.2 研究展望

对于本书的下一步研究,有以下三个构想:

7 结论、贡献与展望

一是进一步拓展有关领导者社会网络构建策略的前因变量研究，通过更多的案例样本和理论分析来挖掘影响领导者选择社会网络构建策略的因素，并在条件允许的情况下进行相应的假设检验。

二是进一步拓展有关领导者社会网络构建策略的影响效应研究，诚如领导者社会网络构建策略选择对领导力发展的影响；等等，并在研究条件适宜时拓展对已有研究中的命题的假设检验。

三是在后续研究中进一步关注领导者构建社会网络的策略方式，以探求领导者是否存在其他的社会网络构建策略。

整体而言，有关领导者社会网络构建机理的研究尚属于理论研究的相对空白区域，相应的研究还有广阔的空间和前景。

附　录

一、案例中领导者本人和大样本调查时被试对象填写的问卷

以下问卷只用作科学研究，所有问题答案不分对错，请依据真实感受按照顺序填写，您所填写的所有信息都将保密。

年龄		性别	男□　　女□
任职时间			

第一部分：问卷调查

注：以下1~4各量表中数字选项代表您对相应题项内容陈述的认同程度。

量表1

基于您以往的经历，请在与您实际情况最相符的选项后打钩：	非常不同意	不同意	有点不同意	既不同意也不反对	有点同意	同意	非常同意
1. 我觉得模仿他人的行为是件容易的事情。	1□	2□	3□	4□	5□	6□	7□
2. 就算手中没有资料，我还是能就主题做即兴演讲。	1□	2□	3□	4□	5□	6□	7□
3. 我曾考虑转行当演员。	1□	2□	3□	4□	5□	6□	7□
4. 我可以像表演般似地娱乐他人或给人留下深刻印象。	1□	2□	3□	4□	5□	6□	7□
5. 对于用动作猜字谜或即兴演出等活动，我一向很拿手。	1□	2□	3□	4□	5□	6□	7□
6. 我大概会是个称职的演员。	1□	2□	3□	4□	5□	6□	7□
7. 我很容易成为团体中瞩目的焦点。	1□	2□	3□	4□	5□	6□	7□

续表

基于您以往的经历，请在与您实际情况最相符的选项后打钩：	非常不同意	不同意	有点不同意	既不同意也不反对	有点同意	同意	非常同意
8. 我尤其懂得怎样让别人喜欢我。	1□	2□	3□	4□	5□	6□	7□
9. 在聚会中，我会尽情地讲笑话与说故事。	1□	2□	3□	4□	5□	6□	7□
10. 在公共场合中，我不会感到一点别扭，可以完全表现出我有的面貌。	1□	2□	3□	4□	5□	6□	7□
11. 我可以赞成自己内心并不认同的观点。	1□	2□	3□	4□	5□	6□	7□
12. 我表现出来的不尽然是真实的我。	1□	2□	3□	4□	5□	6□	7□
13. 在社交场合中，我会尝试去做或说些讨人欢心的事。	1□	2□	3□	4□	5□	6□	7□
14. 我可以改变行为以配合不同的人和情况。	1□	2□	3□	4□	5□	6□	7□
15. 我会为了取悦他人或获得帮助而改变自己的言论或行事风格。	1□	2□	3□	4□	5□	6□	7□
16. 我的行为举止会因状况或他人而有所改变。	1□	2□	3□	4□	5□	6□	7□
17. 为了正当的目的，我能够面不改色地说谎。	1□	2□	3□	4□	5□	6□	7□
18. 即使我不喜欢某些人，我也会装出友善的样子。	1□	2□	3□	4□	5□	6□	7□

量表2

基于您以往的经历，请在与您实际情况最相符的选项后打钩：	非常不同意	不同意	有点不同意	既不同意也不反对	有点同意	同意	非常同意
1. 如果我尽力去做的话，我总是能够解决问题。	1□	2□	3□	4□	5□	6□	7□
2. 即使别人反对我，我仍有办法取得我所要的。	1□	2□	3□	4□	5□	6□	7□
3. 对我来说，坚持理想和达成目标是轻而易举的。	1□	2□	3□	4□	5□	6□	7□
4. 我自信能有效地应对任何突如其来的事情。	1□	2□	3□	4□	5□	6□	7□
5. 以我的才智，我定能应对意料之外的情况。	1□	2□	3□	4□	5□	6□	7□
6. 如果我付出必要的努力，我一定能解决大多数难题。	1□	2□	3□	4□	5□	6□	7□
7. 我能冷静地面对困难，因为我信赖自己处理问题的能力。	1□	2□	3□	4□	5□	6□	7□
8. 面对一个难题时，我通常能找到几个解决方法。	1□	2□	3□	4□	5□	6□	7□
9. 遇到麻烦时，我通常能想到一些应对方法。	1□	2□	3□	4□	5□	6□	7□
10. 无论什么事在我身上发生，我都能应付自如。	1□	2□	3□	4□	5□	6□	7□

量表3

基于您以往的经历，请在与您实际情况最相符的选项后打钩：	非常不同意	不同意	有点不同意	既不同意也不反对	有点同意	同意	非常同意
1. 在社交情况下，只要觉得有必要，我有能力改变我的行为。	1□	2□	3□	4□	5□	6□	7□
2. 当我发觉自己所扮演的形象并不见效时，我可以立即改变和调整它。	1□	2□	3□	4□	5□	6□	7□
3. 我在改变自己的行为以适应不同的人和环境方面不存在困难。	1□	2□	3□	4□	5□	6□	7□
4. 只要事情可能对我有利，我对伪装自己并不感到为难。	1□	2□	3□	4□	5□	6□	7□
5. 只要知道环境的要求是什么，我会很容易调整我的行为。	1□	2□	3□	4□	5□	6□	7□
6. 在人际交往中，我有能力控制交往方式，这取决于我希望给对方留下什么印象。	1□	2□	3□	4□	5□	6□	7□
7. 我发现自己能够调整行为以适应任何环境的要求。	1□	2□	3□	4□	5□	6□	7□
8. 我敢肯定，通过阅读对方的眼神，我能知道一些不一样的东西。	1□	2□	3□	4□	5□	6□	7□
9. 我能从对方的眼神中读到他的真情实感。	1□	2□	3□	4□	5□	6□	7□
10. 在交谈时，我对对方面部表情中极微小的变化十分敏感。	1□	2□	3□	4□	5□	6□	7□
11. 如果有人欺骗我，我可以从他的面部表情中立刻察觉到。	1□	2□	3□	4□	5□	6□	7□
12. 在理解别人的情感和动机方面，我的直觉能力非常强。	1□	2□	3□	4□	5□	6□	7□
13. 当人们觉得一个笑话很庸俗无聊时，即使他们真的笑了，我也能辨别出来是"真笑"还是"假笑"。	1□	2□	3□	4□	5□	6□	7□

量表4

基于您以往的经历，请在与您实际情况最相符的选项后打钩：	非常不同意	不同意	有点不同意	既不同意也不反对	有点同意	同意	非常同意
1. 如果我尽力去做的话，我总是能够很快地融入新的朋友圈。	1□	2□	3□	4□	5□	6□	7□
2. 即使别人一开始并不喜欢我，我仍有办法建立我们之间的联系。	1□	2□	3□	4□	5□	6□	7□

续表

基于您以往的经历，请在与您实际情况最相符的选项后打钩：	非常不同意	不同意	有点不同意	既不同意也不反对	有点同意	同意	非常同意
3. 对我来说，结识新的朋友是轻而易举的。	1□	2□	3□	4□	5□	6□	7□
4. 我自信能有效地应对建立新朋友圈时出现的任何突如其来的事情。	1□	2□	3□	4□	5□	6□	7□
5. 以我的才智，我一定能应对新朋友交往中出现的意外情况。	1□	2□	3□	4□	5□	6□	7□
6. 如果我付出必要的努力，我一定能解决大多数结交新朋友时面对的难题。	1□	2□	3□	4□	5□	6□	7□
7. 我能冷静地面对建立新朋友圈时遇到的困难，因为我信赖自己处理问题的能力。	1□	2□	3□	4□	5□	6□	7□
8. 在融入新朋友圈遇到难题时，我通常能找到几个解决方法。	1□	2□	3□	4□	5□	6□	7□
9. 在和新朋友交往遇到麻烦时，我通常能想到一些应对的方法。	1□	2□	3□	4□	5□	6□	7□
10. 只要我想结交某个人，无论什么事在我身上发生，我都能够应对自如。	1□	2□	3□	4□	5□	6□	7□

第二部分：决策模拟

请依据您以往在公司管理中遇到的相似经历，针对下述管理任务和情境，做出您认为合适的选择。

管理决策任务和情境描述：

L是一家地方民营企业，作为这家企业的创始人和CEO，您发现企业在发展过程中遇到了以下一些问题和挑战，为解决这些问题，请结合以下情境和任务，做出你的选择：

任务一：

公司因为业务发展需要，想在市里的经济开发区建立新厂，入驻开发区不仅能享受政府提供的税收补贴和便利的配套服务，还可以拿到较低的土地使用价格。但经济开发区规划面积有限，许多企业都想获得入驻经济开发区的名额，竞争尤为激烈。若要成功入驻开发区，企业与政府的关系将起到关键作用。为了建立与当地政府的良好关系，获得进入开发区的名额和后续持续良好的政企关系，以下有两个方案可供选择：

方案一：参加本年度人大代表/政协委员选举，力争成为市人大代表/政协委员。

方案二：聘请市政府退休人员担任公司顾问或独立董事。

问题一：两个方案均有望达成目标，作为公司创始人和CEO的您更倾向选择方案（　　　）。

任务二：

公司因为业务发展需要，想在市里的经济开发区建立新厂，入驻开发区不仅能享受政府提供的税收补贴和便利的配套服务，还可以拿到较低的土地使用价格。但经济开发区规划面积有限，许多企业都想获得入驻经济开发区的名额，竞争尤为激烈。若要成功入驻开发区，企业与政府的关系将起到关键作用。为了建立与当地政府的良好关系，获得进入开发区的名额和后续持续良好的政企关系，请在以下两个情境中做出方案选择。

情境一：

现得知本地政府将于2016年3月确定最终入驻企业名单。而本年度人大代表和政协委员的选举工作将于2014年底展开，此前需要开展三个月的宣传和竞选准备工作，如进展顺利，您有望于2015年3月两会期间获得正式人大代表或政协委员身份。通过3~6个月的关系建立与维护，企业有望在2015年9月初获得入驻开发区名额；同时，您发现还可以选择通过聘用市政府退休人员Z作为公司顾问或独立董事来建立企业与政府的关系。现已知在2014年10月可以开展公司聘用顾问或独立董事的相应工作，预计在2014年底完成本项工作，确定最终人选，并有望在2015年3月获得入驻开发区名额。针对以上情境，有以下两个方案可供选择：

方案三：参加本年度人大代表/政协委员选举，力争成为市人大代表/政协委员。

方案四：聘请市政府退休人员担任公司顾问或独立董事。

问题二：两个方案均有望达成目标，作为公司创始人和CEO的您更倾向选择方案（　　　）。

问题三：请问在任务二的情境一下，您是否感受到了来自决策的时间压力（　　　）。

　　A. 是的　　　　　　B. 没有

情境二：

现得知为响应国家提升政府行政工作效率和促进地方经济发展的号召，本市政府决定加快当地企业入驻开发区的工作进度，将最终入驻企业确定时间由2016年3月改为2015年9月底。本年度人大代表和政协委员的选举工作也改为2014

年11月初展开，此前需要开展3个月的宣传和竞选准备工作，如进展顺利，您有望于2015年3月两会期间获得正式人大代表或政协委员身份。通过3~6个月的关系建立与维护，企业有望在2015年9月初获得入围名额；同时，您发现还可以通过选择聘用市政府退休人员Z作为公司顾问或独立董事来建立企业与政府的关系。现已知在2014年10月可以开展公司聘用顾问或独立董事的相应工作，预计在2014年底完成本项工作，确定最终人选，并有望在2015年3月获得入驻开发区名额。针对以上情境，有以下两个方案可供选择：

方案五：参加本年度人大代表/政协委员选举，力争成为市人大代表/政协委员。

方案六：聘请市政府退休人员担任公司顾问或独立董事。

问题四：两个方案均有望达成目标，作为公司创始人和CEO的您更倾向选择方案（　　）。

问题五：请问在任务二的情境二下，您是否感受到了来自决策的时间压力（　　）。

A. 是的　　　　B. 没有

二、案例中领导者熟人填写的问卷

案例中领导者熟人填写的问卷内容与上述内容大体相同，但是在主客位视角上进行了修正。比如，将原量表中填写说明中"基于您以往的经历，请在与您实际情况最相符的选项后打钩"改为"基于您对Y总的了解，请在您认为与他实际情况最相符的选项后打钩"。同时，笔者对每个题项内的主客位视角进行了修订。具体事例如下表所示。鉴于表格整体内容趋同，后不另附其他调查问卷内容，对应内容请参照前文调查问卷。

基于您对Y总的了解，请在您认为与他实际情况最相符的选项后打钩：	非常不同意	不同意	有点不同意	既不同意也不反对	有点同意	同意	非常同意
1. 如果他尽力去做的话，他总是能够解决问题的。	1□	2□	3□	4□	5□	6□	7□
2. 即使别人反对他，他仍有办法取得他想要的。	1□	2□	3□	4□	5□	6□	7□
3. 对他来说，坚持理想和达成目标是轻而易举的。	1□	2□	3□	4□	5□	6□	7□
4. 他自信能有效地应付任何突如其来的事情。	1□	2□	3□	4□	5□	6□	7□
5. 以他的才智，他定能应对意料之外的情况。	1□	2□	3□	4□	5□	6□	7□
6. 如果他付出必要的努力，他一定能解决大多数难题。	1□	2□	3□	4□	5□	6□	7□

续表

基于您对 Y 总的了解，请在您认为与他实际情况最相符的选项后打钩：	非常不同意	不同意	有点不同意	既不同意也不反对	有点同意	同意	非常同意
7. 他能冷静地面对困难，因为他信赖自己处理问题的能力。	1□	2□	3□	4□	5□	6□	7□
8. 面对一个难题时，他通常能找到几个解决方法。	1□	2□	3□	4□	5□	6□	7□
9. 遇到麻烦的时，他通常能想到一些应对方法。	1□	2□	3□	4□	5□	6□	7□
10. 无论什么事发生在他身上，他都能够应对自如。	1□	2□	3□	4□	5□	6□	7□

参考文献

[1] 艾尔·巴比.社会研究方法：第十一版［M］.邱泽奇,译.北京：华夏出版社,2012.

[2] 爱迪斯.企业生命周期［M］.王玥,译.北京：中国科学出版社,1997.

[3] 彼得·布劳.社会生活中的交换与权力［M］.张黎勤,译.北京：华夏出版社,1988.

[4] 曹春辉,席酉民.领导者社会网络效用及其构建策略研究［C］.中国企业管理案例与质性研究论坛,2014.

[5] 曹春辉,席酉民,张晓军,等.社会化经历与本土文化对领导特质形成的影响研究［J］.管理学报,2012,9（8）：1-9.

[6] 陈晓萍,徐淑英,樊景立.组织与管理研究的实证方法：第二版［M］.北京：北京大学出版社,2012.

[7] 戴维·德沃斯.社会研究中的研究设计［M］.郝大海,译.北京：中国人民大学出版社,2008.

[8] 费孝通.乡土中国［M］.北京：人民文学出版社,2022.

[9] 国家工商总局办公厅,2014年市场主体统计分析［R/OL］.http：//www.saic.gov.cn/zwgk/tjzl/zhtj/xxzx/201408/P020140808392129075357.pdf.

[10] 韩巍.论"实证研究神塔"的倒掉［J］.管理学报,2011,8（7）：980-989.

[11] 黄光国.人情与面子——中国人的权利游戏［M］.北京：中国人民大学出版社,2023.

[12] 凯西·卡麦兹.建构扎根理论：质性研究实践指南［M］.边国英,译.重庆：重庆大学出版社,2009.

[13] 克劳斯·巴克豪斯,本德·埃里克森,伍尔夫·普林克,等.多元统

计分析方法［M］.上海：格致出版社，2009.

［14］克雷斯威尔.研究设计与写作指导：定性，定量与混合研究的路径［M］.崔延强，译.重庆：重庆大学出版社，2007.

［15］劳伦斯·纽曼.社会研究方法：第五版［M］.郝大海，译.北京：中国人民大学出版社，2012.

［16］乐国安，汪新建.社会心理学理论与体系［M］.北京：北京师范大学出版社，2011.

［17］李子叶.组织内部知识转移的影响因素及其机理构建研究［D］.西安：西安交通大学，2011.

［18］罗宾斯·S，贾奇·D.组织行为学精要［M］.吴培冠，高永端，张璐斐等，译.北京：机械工业出版社，2008.

［19］罗伯特·K.殷.案例研究：设计与方法［M］.周海涛，等译.重庆：重庆大学出版社，2004.

［20］罗家德.关系与圈子——中国人工作场域中的圈子现象［J］.管理学报，2012，9（2）：165-171+178.

［21］迈尔斯，休伯曼.质性资料的分析：方法与实践（第2版）［M］.张芬芬，译.重庆：重庆大学出版社，2010.

［22］齐美尔，荣远.社会是如何可能的：齐美尔社会学文选［M］.桂林：广西师范大学出版社，2002.

［23］王保进，多变量分析：程序包与资料分析［M］.台北：高等教育文化事业有限公司，2004.

［24］王济川，郭志刚.Logistic回归模型：方法与应用［M］.北京：高等教育出版社，2001.

［25］席酉民，张晓军.挑战与出路：东西方管理智慧整合的方法论探索［J］.管理学报，2012，9（1）：5-11+26.

［26］肖崇好.自我监控概念的重构［J］.心理科学进展，2005，13（2）：186-193.

［27］宜慧玉，高宝俊.管理与社会经济系统仿真［M］.武汉：武汉大学出版社，2002.

［28］约翰.安东纳基斯，安纳·T.茜安西奥罗，罗伯特·J.斯滕伯格.领导力的本质［M］.柏学翥，等译.上海：格致出版社，2011.

［29］张华.基于静态与动态视角的合作网络对个体创新的影响研究［D］.

参考文献

西安：西安交通大学，2010.

[30] 张华，席酉民，马骏. 仿真方法在管理理论研究中的应用 [J]. 科学学与科学技术管理，2009，30（4）：46-52.

[31] 张晓军. 双重理性领导：基于互动与社会化视角的中国本土领导研究 [D]. 西安：西安交通大学，2013.

[32] 周文霞，郭桂萍. 自我效能感：概念，理论和应用 [J]. 中国人民大学学报，2006（1）：91-97.

[33] Anderson C, John O P, Keltner D. The Personal Sense of Power [J]. Journal of Personality, 2012, 80 (2): 313-344.

[34] Anderson M H. Social Networks and the Cognitive Motivation to Realize Network Opportunities: A Study of Managers' Information Gathering Behaviors [J]. Journal of Organizational Behavior: The International Journal of Industrial, Occupational and Organizational Psychology and Behavior, 2008, 29 (1): 51-78.

[35] Antonakis J, Avolio B J, Sivasubramaniam N. Context and Leadership: An Examination of the Nine-Factor Full-Range Leadership Theory Using the Multifactor Leadership Questionnaire [J]. The Leadership Quarterly, 2003, 14 (3): 261-295.

[36] Asendorpf J B, Wilpers S. Personality Effects on Social Relationships [J]. Journal of Personality and Social Psychology, 1998, 74 (6): 1531-1544.

[37] Avolio B J, Walumbwa F O, Weber T J. Leadership: Current Theories, Research, and Future Directions [J]. Annual Review of Psychology, 2009 (60): 421-449.

[38] Baer R, Livshits E, Salzner U. Tuned Range-Separated Hybrids in Density Functional Theory [J]. Annual Review of Physical Chemistry, 2010 (61): 85-109.

[39] Balkundi P, Barsness Z, Michael J H. Unlocking the Influence of Leadership Network Structures on Team Conflict and Viability [J]. Small Group Research, 2009, 40 (3): 301-322.

[40] Balkundi P, Harrison D A. Ties, Leaders, and Time in Teams: Strong Inference about Network Structure's Effects on Team Viability and Performance [J]. Academy of Management Journal, 2006, 49 (1): 49-68.

[41] Balkundi P, Kilduff M, Barsness Z I, et al. Demographic Antecedents and Performance Consequences of Structural Holes in Work Teams [J]. Journal of Organizational Behavior, 2007, 28 (2): 241-260.

[42] Balkundi P, Kilduff M, Harrison D A. Centrality and Charisma: Comparing How Leader Networks and Attributions Affect Team Performance [J]. Journal of Applied Psychology, 2011, 96 (6): 1209-1222.

[43] Balkundi P, Kilduff M. The Ties That Lead: A Social Network Approach to Leadership [J]. The Leadership Quarterly, 2006, 17 (4): 419-439.

[44] Bandura A. Self-Efficacy: Toward a Unifying Theory of Behavioral Change [J]. Psychological Review, 1977, 84 (2): 191-215.

[45] Bandura A. Social Cognitive Theory: An Agentic Perspective [J]. Annual Review of Psychology, 2001, 52 (1): 1-26.

[46] Bandura A. Social Foundations of Thought and Action: A Social Cognitive Theory [M]. New Jersey: Prentice-Hall, 1986.

[47] Barabási A L, Frangos J. Linked: The New Science of Networks Science of Networks [M]. New York: Basic Books, 2014.

[48] Barney J B. Strategic Factor Markets: Expectations, Luck, and Business Strategy [J]. Management Science, 1986, 32 (10): 1231-1241.

[49] Bass B M, Bass R. The Bass Handbook of Leadership: Theory, Research, and Managerial Applications [M]. New York: Simon and Schuster, 2009.

[50] Bass B M. Leadership and Performance beyond Expectations [M]. New York: Free Press, London: Collier Macmillan, 1985.

[51] Bass B M. Leadership, Psychology, and Organizational Behavior [M]. New York: Harper, 1960.

[52] Bavelas A. Communication Patterns in Task-Oriented Groups [J]. Journal of the Acoustical Society of America, 1950.

[53] Bell G G, Zaheer A. Geography, Networks, and Knowledge Flow [J]. Organization Science, 2007, 18 (6): 955-972.

[54] Bell S T, Marentette B J. Team Viability for Long-Term and Ongoing Organizational Teams [J]. Organizational Psychology Review, 2011, 1 (4): 275-292.

[55] Bian Y. Bringing Strong Ties Back in: Indirect Ties, Network Bridges, and Job Searches in China [J]. American Sociological Review, 1997, 62 (3): 366-385.

[56] Blau J R, Alba R D. Empowering Nets of Participation [J]. Administrative Science Quarterly, 1982, 27 (3): 363-379.

参考文献

[57] Blau P M. Exchange and Power in Social Life [M]. New Jersey: Transaction Publishers, 1964.

[58] Borgatti S P, Foster P C. The Network Paradigm in Organizational Research: A Review and Typology [J]. Journal of Management, 2003, 29 (6): 991-1013.

[59] Borgatti S P, Lopez-Kidwell V. Network Theory [M]//Scott J, Carrington P J. The SAGE Handbook of Social Network Analysis. Thousand Oaks: Sage, 2011.

[60] Borgatti S P, Mehra A, Brass D J, et al. Network Analysis in the Social Sciences [J]. Science, 2009, 323 (5916): 892-895.

[61] Brands R A, Menges J I, Kilduff M. The Leader-in-Social-Network Schema: Perceptions of Network Structure Affect Gendered Attributions of Charisma [J]. Organization Science, 2015, 26 (4): 1243-1260.

[62] Brass D J, Burkhardt M E. Potential Power and Power Use: An Investigation of Structure and Behavior [J]. Academy of Management Journal, 1993, 36 (3): 441-470.

[63] Brass D J, Galaskiewicz J, Greve H R, et al. Taking Stock of Networks and Organizations: A Multilevel Perspective [J]. Academy of Management Journal, 2004, 47 (6): 795-817.

[64] Brass D J, Krackhardt D M. Power, Politics, and Social Networks in Organizations [C]// Gerald R. Ferris, Darren C. Treadway, Politics in Organizations. New York: Taylor and Francis Group, 2011.

[65] Brass D J, Krackhardt D. The Social Capital of Twenty-First Century Leaders [M]//Out-of-the-Box Leadership: Transforming the Twenty-First-Century Army. [S.L.]: [s.n.], 1999.

[66] Brass D J. Being in the Right Place: A Structural Analysis of Individual Influence in an Organization [J]. Administrative Science Quarterly, 1984: 518-539.

[67] Brian J C, Carla J B, Rustin D M. Gender Differences in the Impact of Leadership Styles on Subordinate Embeddedness and Job Satisfaction [J]. The Leadership Quarterly, 2014, 25 (6): 660-671.

[68] Bryman A. Qualitative Research on Leadership: A Critical but Appreciative Review [J]. The Leadership Quarterly, 2004, 15 (6): 729-769.

[69] Burt R S, Jannotta J E, Mahoney J T. Personality Correlates of Structural

Holes [J]. Social Networks, 1998, 20 (1): 63-87.

[70] Burt R S, Kilduff M, Tasselli S. Social Network Analysis: Foundations and Frontiers on Advantage [J]. Annual Review of Psychology, 2013 (64): 527-547.

[71] Burt R S, Ronchi D. Contested Control in a Large Manufacturing Plant [J]. Social Networks Through Time, 1990: 121-157.

[72] Burt R S, Ronchi D. Teaching Executives to See Social Capital: Results from a Field Experiment [J]. Social Science Research, 2007, 36 (3): 1156-1183.

[73] Burt R S, Soda G. Network Capabilities: Brokerage as a Bridge between Network Theory and the Resource-Based View of the Firm [J]. Journal of Management, 2021, 47 (7): 1698-1719.

[74] Burt R S. Brokerage and Closure: An Introduction to Social Capital [M]. Oxford: Oxford University Press, 2005.

[75] Burt R S. Network-Related Personality and the Agency Question: Multirole Evidence from a Virtual World1 [J]. American Journal of Sociology, 2012, 118 (3): 543-591.

[76] Burt R S. Structural Holes and Good Ideas [J]. American Journal of Sociology, 2004, 110 (2): 349-399.

[77] Burt R S. Structural Holes: The Social Structure of Competition [M]. Boston: Harvard University Press, 1992.

[78] Burt R W, Hogarth R M, Michaud C. The Social Capital of French and American Managers [J]. Organization Science, 2000, 11 (2): 123-147.

[79] Butts C T. Social Network Analysis: A Methodological Introduction [J]. Asian Journal of Social Psychology, 2008, 11 (1): 13-41.

[80] Barney J B. Organizational Culture: Can It be a Source of Sustained Competitive Advantage? [J]. Academy of Management Review, 1986, 11 (3): 656-665.

[81] Casciaro T. Seeing Things Clearly: Social Structure, Personality, and Accuracy in Social Network Perception [J]. Social Networks, 1998, 20 (4): 331-351.

[82] Campbell D T, Fiske D W. Convergent and Discriminant Validation by the Multitrait-Multimethod Matrix [J]. Psychological Bulletin, 1959, 56 (2): 81-105.

[83] Carlyle T. On Heroes, Hero-Worship and the Heroic in History 1897 [M]. New York: Kessinger Publishing, 2003.

[84] Carpenter M A, Li M, Jiang H. Social Network Research in Organizational

Contexts a Systematic Review of Methodological Issues and Choices [J]. Journal of Management, 2012, 38 (4): 1328-1361.

[85] Carter D R, Dechurch L A, Braun M T, et al. Social Network Approaches to Leadership: An Integrative Conceptual Review [J]. Journal of Applied Psychology, 2015, 100 (3): 597-622.

[86] Cavana R, Delahaye B L, Sekeran U. Applied Business Research: Qualitative and Quantitative Methods [M]. Milton: John Wiley and Sons Australia, 2001.

[87] Chan K Y, Drasgow F. Toward a Theory of Individual Differences and Leadership: Understanding the Motivation to Lead [J]. Journal of Applied Psychology, 2001, 86 (3): 481-498.

[88] Chemers M. An Integrative Theory of Leadership [M]. London: Psychology Press, 2014.

[89] Clifton A, Turkheimer E, Oltmanns T F. Personality Disorder in Social Networks: Network Position as a Marker of Interpersonal Dysfunction [J]. Social Networks, 2009, 31 (1): 26-32.

[90] Coleman J S. Social Capital in the Creation of Human Capital [J]. American Journal of Sociology, 1988, 94 (3): 95-120.

[91] Collier B, Kraut R. Leading the Collective: Social Capital and the Development of Leaders in Core-Periphery Organizations [C]. IEICE Transactions on Fundamentals of Electronics, Communications and Computer Sciences, 2012.

[92] Contractor N S, Wasserman S, Faust K. Testing Multitheoretical, Multilevel Hypotheses about Organizational Networks: An Analytic Framework and Empirical Example [J]. Academy of Management Review, 2006, 31 (3): 681-703.

[93] Creswell J W, Plano Clark V L. Designing and Conducting Mixed Methods Research (1st Ed.) [M]. Thousand Oaks: Sage, 2007.

[94] Creswell J W, Plano Clark V L. Designing and Conducting Mixed Methods Research (2nd Ed.) [M]. Thousand Oaks: Sage, 2011.

[95] Creswell J W. Controversies in Mixed Methods Research [J]. The Sage Handbook of Qualitative Research, 2011 (4): 269-284.

[96] Davis J P, Eisenhardt K M, Bingham C B. Developing Theory through Simulation Methods [J]. Academy of Management Review, 2007, 32 (2): 480-499.

[97] Daly A J, Liou Y H, Tran N A, et al. The Rise of Neurotics: Social Net-

works, Leadership, and Efficacy in District Reform [J]. Educational Administration Quarterly, 2014, 50 (2): 233-278.

[98] David V D, Deidra J S, Amy L U, Nathan J H. Self-Monitoring Personality at Work: A Meta-Analytic Investigation of Construct Validity [J]. Journal of Applied Psychology, 2002, 87 (2): 390-401.

[99] David V D, John W F, Leanne E A, Rachel E S, Rob A M. Advances in Leader and Leadership Development: A Review of 25 Years of Research and Theory [J]. The Leadership Quarterly, 2014, 25 (1): 63-82.

[100] Davis G F, Cobb J A. Resource Dependence Theory: Past and Future [J]. Research in The Sociology of Organizations, 2010, 28 (1): 21-42.

[101] Day D V. Leadership Development: A Review in Context [J]. The Leadership Quarterly, 2001, 11 (4): 581-613.

[102] Denzin N K. The Research Act: A Theoretical Introduction to Sociological Methods [M]. New York: Mcgraw-Hill Companies, 1978.

[103] De Wit F R C, Greer L L, Jehn K A. The Paradox of Intragroup Conflict: A Meta-Analysis [J]. Journal of Applied Psychology, 2012, 97 (2): 360-390.

[104] Digman J M. Personality Structure: Emergence of the Five-Factor Model [J]. Annual Review of Psychology, 1990, 41 (1): 417-440.

[105] Dinh J E, Lord R G. Implications of Dispositional and Process Views of Traits for Individual Difference Research in Leadership [J]. The Leadership Quarterly, 2012, 23 (4): 651-669.

[106] Dyer J, Nobeoka K. Creating and Managing a High Performance Knowledge-Sharing Network: The Toyota Case [J]. Strategic Management Journal, 2000, 21 (3): 345-367.

[107] Emerson R M. Power-Dependence Relations [J]. American Sociological Review, 1962: 31-41.

[108] Emirbayer M, Goodwin J. Network Analysis, Culture, and the Problem of Agency [J]. American Journal of Sociology, 1994, 99 (6): 1411-1454.

[109] Eric W K T. Chinese Management Research at a Crossroads: Some Philosophical Considerations [J]. Management and Organization Review, 2009, 5 (1): 131-143.

[110] Fang C, Lee J, Schilling M A. Balancing Exploration and Exploitation

through Structural Design: The Isolation of Subgroups and Organizational Learning [J]. Organization Science, 2010, 21 (3): 625-642.

[111] Fang R, Landis B, Zhang Z, et al. Integrating Personality and Social Networks: A Meta-Analysis of Personality, Network Position, and Work Outcomes in Organizations [J]. Organization Science, 2015 (14): 1243-1260.

[112] Fang R, Shaw J D. Self-Monitoring, Status, and Justice-Related Information Flow [J]. Journal of Occupational and Organizational Psychology, 2009, 82 (2): 405-430.

[113] Fernandez-Perez V, Jesus Garcia-Morales V, Fernando Bustinza-Sanchez O. The Effects of Ceos'Social Networks on Organizational Performance through Knowledge and Strategic Flexibility [J]. Personnel Review, 2012, 41 (6): 777-812.

[114] Fiedler F E, Garcia J E. New Approaches to Effective Leadership: Cognitive Resources and Organizational Performance [M]. Hoboken: John Wiley and Sons, 1987.

[115] Fiedler F E. The Contingency Model and the Dynamics of the Leadership Process [J]. Advances in Experimental Social Psychology, 1978, 11: 59-112.

[116] Foti R J, Hauenstein N. Pattern and Variable Approaches in Leadership Emergence and Effectiveness [J]. Journal of Applied Psychology, 2007, 92 (2): 347.

[117] Freedman L. Strategy: A History [M]. Oxford: Oxford University Press, 2013.

[118] Freeman L C. Centrality in Social Networks Conceptual Clarification [J]. Social Networks, 1979, 1 (3): 215-239.

[119] French J R P, Raven B, Cartwright D. The Bases of Social Power [J]. Classics of Organization Theory, 1959: 311-320.

[120] Fry L, Kriger M. Towards a Theory of Being-Centered Leadership: Multiple Levels of Being as Context for Effective Leadership [J]. Human Relations, 2009, 62 (11): 1667-1696.

[121] Gabbay S M, Leenders R. Social Capital of Organizations: From Social Structure to the Management of Corporate Social Capital [J]. Social Capital of Organizations. 2001, 18 (1): 1-20.

[122] Galli E B, MüLler-Stewens G. How to Build Social Capital with Leadership Development: Lessons from an Explorative Case Study of a Multibusiness Firm [J]. The Leadership Quarterly, 2012, 23 (1): 176-201.

[123] Gangestad S W, Snyder M. Self-Monitoring: Appraisal and Reappraisal [J]. Psychological Bulletin, 2000, 126 (4): 530.

[124] Gardner W L, Lowe K B, Moss T W, et al. Scholarly Leadership of the Study of Leadership: A Review of the Leadership Quarterly's Second Decade, 2000-2009 [J]. The Leadership Quarterly, 2010, 21 (6): 922-958.

[125] Gist M E, Mitchell T R. Self-Efficacy: A Theoretical Analysis of its Determinants and Malleability [J]. Academy of Management Review, 1992, 17 (2): 183-211.

[126] Gist M E. Self-Efficacy: Implications for Organizational Behavior and Human Resource Management [J]. Academy of Management Review, 1987, 12 (3): 472-485.

[127] Gist M E. The Influence of Training Method on Self-Efficacy and Idra Generation among Managers [J]. Personnal Psychology, 1989, 76 (42): 787-805.

[128] Glaser B G, Strauss A L. The Discovery of Grounded Theory: Strategies for Qualitative Research [M]. New York: Aldine De Gruyter, 1967.

[129] Granovetter M S. The Strength of Weak Ties [J]. American Journal of Sociology, 1973: 1360-1380.

[130] Granovetter M. Economic Action and Social Structure: The Problem of Embeddedness [J]. American Journal of Sociology, 1985: 481-510.

[131] Greene J C, Caracelli V J, Graham W F. Toward a Conceptual Framework for Mixed-Method Evaluation Designs [J]. Educational Evaluation and Policy Analysis, 1989, 11 (3): 255-274.

[132] Greer F L, Galanter E H, Nordlie P G. Interpersonal Knowledge and Individual and Group Effectiveness [J]. The Journal of Abnormal and Social Psychology, 1954, 49 (3): 411.

[133] Gruenfeld L W, Rance D E, Weissenberg P. The Behavior of Task-Oriented (Low LPC) and Socially Oriented (High LPC) Leaders under Several Conditions of Social Support [J]. The Journal of Social Psychology, 1969, 79 (1): 99-107.

[134] Gulati R, Dialdin D A, Wang L. Organizational Networks [M] //Baum J A C. The Blackwell Companion To Organizations. Oxford: Blackwell Business, 2002.

[135] Gulati R. Alliances and Networks [J]. Strategic Management Journal,

1998, 19 (4): 293-317.

[136] Gulati R. Network Location and Learning: The Influence of Network Resources and Firm Capabilities on Alliance Formation [J]. Strategic Management Journal, 1999, 20 (5): 397-420.

[137] Hackman J R. The Design of Work Teams [M] // J L Lorsch. Handbook of Organizational Behavior. New Jersey: Prentice-Hall, 1987.

[138] Hambrick D C, Mason P A. Upper Echelons: The Organization as a Reflection of Its Top Managers [J]. Academy of Management Review, 1984, 9 (2): 193-206.

[139] Harrison J R, Lin Z, Carroll G R, et al. Simulation Modeling in Organizational and Management Research [J]. Academy of Management Review, 2007, 32 (4): 1229-1245.

[140] Henttonen K. Exploring Social Networks on the Team Level—A Review of the Empirical Literature [J]. Journal of Engineering and Technology Management, 2010, 27 (1): 74-109.

[141] Hite J M. Evolutionary Processes and Paths of Relationally Embedded Network Ties in Emerging Entrepreneurial Firms [J]. Entrepreneurship Theory and Practice, 2005, 29 (1): 113-144.

[142] Hogan R. In Defense of Personality Measurement: New Wine for Old Whiners [J]. Human Performance, 2005, 18 (4): 331-341.

[143] Hoppe B, Reinelt C. Social Network Analysis and the Evaluation of Leadership Networks [J]. The Leadership Quarterly, 2010, 21 (4): 600-619.

[144] House R J, Aditya R N. The Social Scientific Study of Leadership: Quo Vadis? [J]. Journal of Management, 1997, 23 (3): 409-473.

[145] House R, Javidan M, Hanges P, et al. Understanding Cultures and Implicit Leadership Theories across the Globe: An Introduction to Project GLOBE [J]. Journal of World Business, 2002, 37 (1): 3-10.

[146] House R J. Path-Goal Theory of Leadership: Lessons, Legacy, and a Reformulated Theory [J]. The Leadership Quarterly, 1996, 7 (3): 323-352.

[147] Ibarra H, Andrews S B. Power, Social Influence, and Sense Making: Effects of Network Centrality and Proximity on Employee Perceptions [J]. Administrative Science Quarterly, 1993, 38 (2): 277-303.

[148] Ibarra H, Hunter M. How Leaders Create and Use Networks [J]. Harvard

Business Review, 2007, 85 (1): 40.

[149] Jago A G, Vroom V H. Predicting Leader Behavior from a Measure of Behavioral Intent [J]. Academy of Management Journal, 1978, 21 (4): 715-721.

[150] Jane E S, Plano Clark V L, Gina S M. Applying Mixed Methods to Leadership Research: A Review of Current Practices [J]. The Leadership Quarterly, 2012, 23 (6): 1173-1183.

[151] Janicik G A, Larrick R P. Social Network Schemas and the Learning of Incomplete Networks [J]. Journal of Personality and Social Psychology, 2005, 88 (2): 348-364.

[152] Jehn K A, Bendersky C. Intragroup Conflict in Organizations: A Contingency Perspective on the Conflict-Outcome Relationship [J]. Research in Organizational Behavior, 2003, 25: 187-242.

[153] Jehn K A, Mannix E A. The Dynamic Nature of Conflict: A Longitudinal Study of Intragroup Conflict and Group Performance [J]. Academy of Management Journal, 2001, 44 (2): 238-251.

[154] Jehn K A, Northcraft G B, Neale M A. Why Differences Make a Difference: A Field Study of Diversity, Conflict and Performance in Workgroups [J]. Administrative Science Quarterly, 1999, 44 (4): 741-763.

[155] Kilduff M, Tsai W. Social Networks and Organizations [M]. London: Sage, 2003.

[156] Krackhardt D. Assessing the Political Landscape: Structure, Cognition, and Power in Organizations [J]. Administrative Science Quarterly, 1990, 35 (2): 342-369.

[157] Kaiser R B, Hogan R, Craig S B. Leadership and the Fate of Organizations [J]. American Psychologist, 2008, 63 (2): 96-110.

[158] Kale P, Singh H, Perlmutter H. Learning and Protection of Proprietary Assets in Strategic Alliances: Building Relational Capital [J]. Strategic Management Journal, 2000, 21 (3): 217-237.

[159] Kalish Y, Robins G. Psychological Predispositions and Network Structure: The Relationship between Individual Predispositions, Structural Holes and Network Closure [J]. Social Networks, 2006, 28 (1): 56-84.

[160] Kalish Y. Bridging in Social Networks: Who are the People in Structural Holes and Why are They There? [J]. Asian Journal of Social Psychology, 2008, 11

(1): 53-66.

[161] Kalish Y. Harnessing the Power of Social Network Analysis to Explain Organizational Phenomena [M] // Cortina J M, Landis R S. Modern Research Methods for the Study of Behavior in Organizations. New York: Routledge, 2013.

[162] Katz D N, Maccoby G G, Lucretia G F. Productivity, Supervision and Morale Among Railroad Workers [R]. Ann Arbor: Survey Research Center, University of Michigan, 1951.

[163] Kauffman S A. Cellular Homeostasis, Epigenesis and Replication in Randomly Aggregated Macromolecular Systems [J]. Journal of Cybernetics, 1971, 1 (1): 71-96.

[164] Kempster S, Parry K W. Grounded Theory and Leadership Research: A Critical Realist Perspective [J]. The Leadership Quarterly, 2011, 22 (1): 106-120.

[165] Kilduff M, Brass D J. Organizational Social Network Research: Core Ideas and Key Debates [J]. The Academy of Management Annals, 2010, 4 (1): 317-357.

[166] Kilduff M, Day D V. Do Chameleons Get Ahead? The Effects of Self-Monitoring on Managerial Careers [J]. Academy of Management Journal, 1994, 37 (4): 1047-1060.

[167] Kilduff M, Krackhardt D. Bringing the Individual Back in: A Structural Analysis of the Internal Market for Reputation in Organizations [J]. Academy of Management Journal, 1994, 37: 87-108.

[168] Kilduff M, Lee J W. The Integration of People and Networks [J]. Annual Review of Organizational Psychology and Organizational Behavior, 2020, 7 (1): 155-179.

[169] Klein K J, Lim B C, Saltz J L, et al. How Do They Get There? An Examination of the Antecedents of Centrality in Team Networks [J]. Academy of Management Journal, 2004, 47 (6): 952-963.

[170] Krackhardt D, Kilduff M. Whether Close or Far: Social Distance Effects on Perceived Balance in Friendship Networks [J]. Journal of Personality and Social Psychology, 1999, 76 (5): 770-782.

[171] Kratzer J, Leenders R T A J, Van Engelen J M L. The Social Structure of Leadership and Creativity in Engineering Design Teams: An Empirical Analysis [J]. Journal of Engineering and Technology Management, 2008, 25 (4): 269-286.

[172] Kristin C, Francis J Y. Special Issue on Collective and Network Approaches to Leadership [J]. The Leadership Quarterly, 2014, 25 (1): 180-181.

[173] Kumbasar E A, Romney K, Batchelder W H. Systematic Biases in Social Perception [J]. American Journal of Sociology, 1994, 100: 477-505.

[174] Kwon S W, Rond E, Levin D Z, De Massis A, Brass D J. Network Brokerage: An Integrative Review and Future Research Agenda [J]. Journal of Management, 2020, 46 (6): 1092-1120.

[175] Landis B. Personality and Social Networks in Organizations: A Review and Future Directions [J]. Journal of Organizational Behavior, 2016, 37: S107-S121.

[176] Lau D C, Liden R C. Antecedents of Coworker Trust: Leaders' Blessings [J]. Journal of Applied Psychology, 2008, 93 (5): 11-30.

[177] Lennox R D, Wolfe R N. Revision of the Self-Monitoring Scale [J]. Journal of Personality and Social Psychology, 1984, 46 (6): 1349-1364.

[178] Levine J H. Exceptions Are the Rule: An Inquiry into Methods in The Social Sciences [M]. Boulder: Westview Press, 1993.

[179] Levinthal D A. Adaptation on Rugged Landscapes [J]. Management Science, 1997, 43 (7): 934-950.

[180] Lewin K, Lippitt R, White R K. Patterns of Aggressive Behavior in Experimentally Created "Social Climates" [J]. The Journal of Social Psychology, 1939, 10 (2): 269-299.

[181] Li F, Zhang Y. Measuring Self-Monitoring Ability Andpropensity: A Two-Dimensional Chinese Scale [J]. Journal of Social Psychology, 1998, 138 (6): 758-765.

[182] Li M. Social Network and Social Capital in Leadership and Management Research: A Review of Causal Methods [J]. The Leadership Quarterly, 2013, 24 (5): 638-665.

[183] Lincoln J R, Miller J. Work and Friendship Ties in Organizations: A Comparative Analysis of Relation Networks [J]. Administrative Science Quarterly, 1979: 181-199.

[184] Lin N. Building a Network Theory of Social Capital [J]. Connections, 1999a, 22 (1): 28-51.

[185] Lin N. Social Networks and Status Attainment [J]. Annual Review of Soci-

ology, 1999b, 25: 467-487.

[186] Lin N. Social Capital: A Theory of Social Structure and Action [M]. Cambridge: Cambridge University Press, 2002.

[187] Lippitt R, White R K. The "Social Climate" of Children's Groups [M] //R G Barker, Roger G, Kounin, Jacob S. , Wright, Herbert F. Child Behavior and Development: A Course of Representative Studies, New York: Mcgraw-Hill, 1943.

[188] Liu Y, Ipe M. How Do They BecomeNodes? Revisiting Team Member Network Centrality [J]. The Journal of Psychology, 2010, 144 (3), 243-258.

[189] Lord R G, Emrich C G. Thinking outside the Box by Looking Inside the Box: Extending the Cognitive Revolution in Leadership Research [J]. The Leadership Quarterly, 2001, 11 (4): 551-579.

[190] Lowe K B, Gardner W L. Ten Years of the Leadership Quarterly: Contributions and Challenges for the Future [J]. The Leadership Quarterly, 2001, 11 (4): 459-514.

[191] March J G. Exploration and Exploitation in Organizational Learning [J]. Organization Science, 1991, 2 (1): 71-87.

[192] Marcy R T, Mumford M D. Leader Cognition: Improving Leader Performance through Causal Analysis [J]. The Leadership Quarterly, 2010, 21 (1): 1-19.

[193] Marx K. Capital: A Critique of Political Economy [M]. [S. L.]: [s. n.], 1906.

[194] Maslow A H, Frager R, Cox R. Motivation and Personality [M]. New York: Harper and Row, 1970.

[195] Mccallum S, O'Connell D. Social Capital and Leadership Development: Building Stronger Leadership through Enhanced Relational Skills [J]. Leadership and Organization Development Journal, 2019, 30 (2): 152-166.

[196] Mcclelland D C, Burnham D H. Power is the Great Motivator [J]. Harvard Business Review, 2003, 81 (1): 117-126.

[197] Mcelroy J C, Shrader C B. Attribution Theories of Leadership and Network Analysis [J]. Journal of Management, 1986, 12 (3): 351-362.

[198] Mehra A, Dixon A L, Brass D J, et al. The Social Network Ties of Group Leaders: Implications for Group Performance and Leader Reputation [J]. Organization

Science, 2006, 17 (1): 64-79.

[199] Mehra A, Kilduff M, Brass D J. The Social Networks of High and Low Self-Monitors: Implications for Workplace Performance [J]. Administrative Science Quarterly, 2001, 46 (1): 121-146.

[200] Meyer J W, Rowan B. Institutionalized Organizations: Formal Structure as Myth and Ceremony [J]. American Journal of Sociology, 1977, 83 (2): 340-363.

[201] Meznar M B, Nigh D B. Buffer or Bridge? Environmental and Organizational Determinants of Public Affairs Activities in American Firms [J]. Academy of Management Journal, 1995, 38 (4): 975-996.

[202] Miles R E, Snow C C. Organizational Strategy, Structure, and Process [M]. New York: Mcgraw-Hill, 1978.

[203] Mintzberg H. Power in and around Organizations [M]. New Jersey: Prentice-Hall, 1983.

[204] Molina-AzoríN J F. The Use and Added Value of Mixed Methods in Management Research [J]. Journal of Mixed Methods Research, 2011, 5 (1): 7-24.

[205] Moliterno T P, Mahony D M. Network Theory of Organization: A Multilevel Approach [J]. Journal of Management, 2011, 37 (2): 443-467.

[206] Molm L D. The Structure and Use of Power: A Comparison of Reward and Punishment Power [J]. Social Psychology Quarterly, 1988: 108-122.

[207] Mumford M D. A Hale Farewell: The State of Leadership Research [J]. The Leadership Quarterly, 2011, 22 (1): 1-7.

[208] Mund M, Neyer F J. Treating Personality-Relationship Transactions with Respect: Narrow Facets, Advanced Models, and Extended Time Frames [J]. Journal of Personality and Social Psychology, 2014, 107 (2): 352-368.

[209] Nadkarni S, Narayanan V K. Strategic Schemas, Strategic Flexibility, and Firm Performance: The Moderating Role of Industry Clockspeed [J]. Strategic Management Journal, 2007, 28 (3): 243-270.

[210] Neubert M J, Taggar S. Pathways to Informal Leadership: The Moderating Role of Gender on the Relationship of Individual Differences and Team Member Network Centrality to Informal Leadership Emergence [J]. The Leadership Quarterly, 2004, 15 (2): 175-194.

[211] Nunnally J, C. Psychometric Theory [M]. New York: Mcgraw-Hill, 1978.

参考文献

[212] Oh H, Kilduff M. The Ripple Effect of Personality on Social Structure: Self-Monitoring Origins of Network Brokerage [J]. Journal of Applied Psychology, 2008, 93 (5): 1155-1164.

[213] Parker M, Welch E W. Professional Networks, Science Ability, and Gender Determinants of Three Types of Leadership in Academic Science and Engineering [J]. The Leadership Quarterly, 2013, 24 (2): 332-348.

[214] Pastor J C, Meindl J R, Mayo M C. A Network Effects Model of Charisma Attributions [J]. Academy of Management Journal, 2002, 45 (2): 410-420.

[215] Penuel W, Riel M, Krause A, et al. Analyzing Teachers' Professional Interactions in a School as Social Capital: A Social Network Approach [J]. The Teachers College Record, 2009, 111 (1): 124-163.

[216] Pfeffer J, Salancik G R. The External Control of Organizations: A Resource Dependence Perspective [M]. New York: Harper and Row, 1978.

[217] Pfeffer J. Power in Organizations [M]. Marshfield: Pitman, 1981.

[218] Plastrik P, Taylor M. Net Gains: A Handbook for Network Builders Seeking Social Change [M]. [S. L.]: [s. n.], 2006.

[219] Pollet T V, Roberts S G, Dunbar R I. Use of Social Network Sites and Instant Messaging does not Lead to Increased Offline Social Network Size, or to Emotionally Closer Relationships with Offline Network Members [J]. Cyberpsychology, Behavior, and Social Networking, 2011, 14 (4): 253-258.

[220] Porter M E. Competitive Strategy: Techniques for Analyzing Industries and Competitors [M]. New York: Free Press, 1980.

[221] Powell W W, Koput K W, Smith-Doerr L. Interorganizational Collaboration and the Locus of Innovation: Networks of Learning in Biotechnology [J]. Administrative Science Quarterly, 1996: 116-145.

[222] Raven B H. The Comparative Analysis of Power and Power Preference [M] //Tedeschi J T. Perspectives On Social Power. Chicago: Aldine, 1974.

[223] Resick C J, Dickson M W, Mitchelson J K, et al. Team Composition, Cognition, and Effectiveness: Examining Mental Model Similarity and Accuracy [J]. Group Dynamics: Theory, Research, and Practice, 2010, 14 (2): 174-191.

[224] Robertson I T, Sadri G. Managerial Self-Efficacy And Managerial Performance [J]. British Journal Of Management, 1993, 4 (1): 37-45.

［225］Rodan S, Galunic C. More Than Network Structure: How Knowledge Heterogeneity Influences Managerial Performance and Innovativeness ［J］. Strategic Management Journal, 2004, 25 (6): 541-562.

［226］Ronald E R, Michael D M. Introduction to the Special Issue: Longitudinal Studies of Leadership Development ［J］. The Leadership Quarterly, 2011, 22 (3): 453-456.

［227］Ruolian F, Landis B, Zhen Z, Anderson M, Shaw J, Kilduff M. Integrating Personality And Social Networks: A Meta-Analysis of Personality, Network Position, and Work Outcomes in Organizations ［J］. Organization Science, 2015, 26 (4): 1243-1260.

［228］Sasovova Z, Mehra A, Borgatti S P, Schippers, M. Network Churn: The Effects of Self-Monitoring Personality on Brokerage Dynamics ［J］. Administrative Science Quarterly, 2010, 55 (4): 639-670.

［229］Schwandt T A. Introduction: Entering the Field of Qualitative Research ［J］. Handbook of Qualitative Research, 1994: 118-137.

［230］Schwarzer R, Bassler J, Kwiatek P, et al. The Assessment of Optimistic Self-Beliefs: Comparison of the German, Spanish, and Chinese Versions of the General Self-Efficacy Scale ［J］. Applied Psychology, 1997, 46 (1): 69-88.

［231］Scott W R. The Adolescence of Institutional Theory ［J］. Administrative Science Quarterly, 1987, 32 (4): 493-511.

［232］Sewell W H Jr. A Theory of Structure: Duality, Agency, and Transformation ［J］. American Journal of Sociology, 1992, 98 (1): 1-29.

［233］Shaw J D, Dineen B R, Fang R, et al. Employee-Organization Exchange Relationships, HRM Practices, and Quit Rates of Good and Poor Performers ［J］. Academy of Management Journal, 2009, 52 (5): 1016-1033.

［234］Simpson B, Markovsky B, Steketee M. Power and the Perception of Social Networks ［J］. Social Networks, 2011, 33 (2): 166-171.

［235］Snyder M, Gangestad S. on the Nature of Self-Monitoring: Matters of Assessment, Matters of Validity ［J］. Journal of Personality and Social Psychology, 1986, 51 (1): 125-139.

［236］Snyder M. Self-Monitoring of Expressive Behavior ［J］. Journal of Personality and Social Psychology, 1974, 30 (4): 526-537.

[237] Snyder M. Self—Monitoring Processes [M] //Berkowitz L. Advance in Experimental Social Psychology. New York: Academic Press, 1979.

[238] Stajkovic A D, Luthans F. Self - Efficacy and Work - Related Performance: A Meta - Analysis [J]. Psychological Bulletin, 1998, 124 (2): 240-261.

[239] Stephen K, Ken W P. Grounded Theory and Leadership Research: A Critical Realist Perspective [J] The Leadership Quarterly, 2011 (2): 106-120.

[240] Stevenson W B, Greenberg D. Agency and Social Networks: Strategies of Action in a Social Structure of Position, Opposition, and Opportunity [J]. Administrative Science Quarterly, 2000, 45 (4): 651-678.

[241] Stogdill R, Coons A E. Leader Behavior: Its Description and Measurement [J]. Adminstrative Science Ouarterly, 1958, 3 (2): 271-273.

[242] Stogdill R M. The Sociometry of Working Relationships in Formal Organizations [J]. Sociometry, 1949, 12 (4): 276-286.

[243] Sullivan D M, Ford C M. How Entrepreneurs Use Networks to Address Changing Resource Requirements During Early Venture Development [J]. Entrepreneurship Theory and Practice, 2014, 38 (3): 551-574.

[244] Tashakkori A, Teddlie C. Foundations of Mixed Methods Research: Integrating Quantitative and Qualitative Approaches in the Social and Behavioral Sciences [M]. Thousand Oaks: Sage Publications, 2008.

[245] Tasselli S, Kilduff M, Menges J I. The Microfoundations of Organizational Social Networks a Review and an Agenda for Future Research [J]. Journal of Management, 2015, 26 (4): 1210-1225.

[246] Thomas A B. Does Leadership Make a Difference to Organizational Performance? [J]. Administrative Science Quarterly, 1988: 388-400.

[247] Toegel G, Anand N, Kilduff M . Emotion Helpers: The Role of High Positive Affectivity and High Self-Monitoring Managers [J]. Personnel Psychology, 2007, 60 (2): 337-365.

[248] Tortoriello M, Reagans R, Mcevily B. Bridging the Knowledge Gap: The Influence of Strong Ties, Network Cohesion, and Network Range on the Transfer of Knowledge between Organizational Units [J]. Organization Science, 2012, 23 (4): 1024-1039.

[249] Totterdell P, Wall T, Holman D, et al. Affect Networks: A Structural Analysis of the Relationship between Work Ties and Job-Related Affect [J]. Journal of Applied Psychology, 2004, 89 (5): 854-867.

[250] Totterdel P, Holman D, Hukin A. Social Networkers: Measuring and Examining Individual Differences in Propensity to Connect with Others [J]. Social networks, 2008, 30 (4): 283-296.

[251] Uzzi B, Dunlap S. How to Build Your Network [J]. Harvard Business Review, 2005, 83 (12): 53-60.

[252] Uzzi B. Embeddedness in the Making of Financial Capital: How Social Relations and Networks Benefit Firms Seeking Financing [J]. American Sociological Review, 1999, 64 (4): 481-505.

[253] Uzzi B. The Sources and Consequences of Embeddedness for the Economic Performance of Organizations: The Network Effect [J]. American Sociological Review, 1996: 674-698.

[254] Valente T W. Network Interventions [J]. Science, 2012, 337 (6090): 49-53.

[255] Van Seters D A, Field R H G. The Evolution of Leadership Theory [J]. Journal of Organizational Change Management, 1990, 3 (3): 29-45.

[256] Varella P, Javidan M, Waldman D A. A Model of Instrumental Networks: The Roles of Socialized Charismatic Leadership and Group Behavior [J]. Organization Science, 2012, 23 (2): 582-595.

[257] Venkataramani V, Green S G, Schleicher D J. Well-Connected Leaders: The Impact of Leaders "Social Network Ties on LMX and Members" Work Attitudes [J]. Journal of Applied Psychology, 2010, 95 (6): 1071-1084.

[258] Vissa B. A Matching Theory of Entrepreneurs' Tie Formation Intentions and Initiation of Economic Exchange [J]. Academy of Management Journal, 2011, 54 (1): 137-158.

[259] Wasserman S. Social Network Analysis: Methods and Applications [M]. Cambridge: Cambridge University Press, 1994.

[260] Weidenbaum M. L. Public Policy: No Longer a Spectator Sport for Business [J]. Journal of Business Strategy, 1980, 1 (1): 46-53.

[261] Westphal J D, Boivie S, Chng M, et al. The Strategic Impetus for Social

Network Ties: Reconstituting Broken CEO Friendship Ties [J]. Strategic Management Journal, 2006, 27 (5): 425-445.

[262] Wexley K N, Yukl G. Organizational Behavior and Personnel Psychology [M]. Homewood: Irwin, 1977.

[263] Wolff H G, Moser K. Effects of Networking on Career Success: A Longitudinal Study [J]. Journal of Applied Psychology, 2009, 94 (1): 196.

[264] Wolff S B, Pescosolido A T, Druskat V U. Emotional Intelligence as the Basis of Leadership Emergence in Self-Managing Teams [J]. The Leadership Quarterly, 2002, 13 (5): 505-522.

[265] Wood R, Bandura A. Social Cognitive Theory of Organizational Management [J]. Academy of Management Review, 1989, 14 (3): 361-384.

[266] Wren J T. The Leader's Companion: Insights on Leadership through the Ages [M]. New York: Simon and Schuster, 2013.

[267] Wright S. The Roles of Mutation, Inbreeding, Crossbreeding, and Selection in Evolution [C]. Proceedings 6th Congress on Genetics, 1932.

[268] Wrong D H. Power: Its Forms, Bases, and Uses [M]. New Jersey: Transaction Publishers, 1979.

[269] Yukl G. How Leaders Influence Organizational Effectiveness [J]. The Leadership Quarterly, 2008, 19 (6): 708-722.

[270] Yukl G. Leadership in Organizations, 5th Ed [M]. New Jersey: Prentice-Hall, 2002.

[271] Zaccaro S J, Foti R J, Kenny D A. Self-Monitoring and Trait-Based Variance in Leadership: An Investigation of Leader Flexibility across Multiple Group Situations [J]. Journal of Applied Psychology, 1991, 76 (2): 308-315.

[272] Zaccaro S J. Individual Differences and Leadership: Contributions to a Third Tipping Point [J]. The Leadership Quarterly, 2012, 23 (4): 718-728.

[273] Zaheer A, Bell G G. Benefiting from Network Position: Firm Capabilities, Structural Holes, and Performance [J]. Strategic Management Journal, 2005, 26 (9): 809-825.

[274] Zaheer A, Gulati R, Nohria N. Strategic Networks [J]. Strategic Management Journal, 2000, 21 (3): 203-215.

[275] Zaheer A, Mcevily B. Bridging Ties: A Source of Firm Heterogeneity in

Competitive Capabilities [J]. Strategic Management Journal, 1999, 20 (12): 1133-1156.

[276] Zhang Z, Peterson S J. Advice Networks in Teams: The Role of Transformational Leadership and Members' Core Self-Evaluations [J]. Journal of Applied Psychology, 2011, 96 (5): 1004-1017.

[277] Zhou J, Shin S J, Brass D J, Choi J, Zhang Z X. Social Networks, Personal Values, and Creativity: Evidence for Curvilinear and Interaction Effects [J]. Journal of Applied Psychology, 2009, 94 (6): 1544-1552.

[278] Zimmerman B J. Self-Efficacy: An Essential Motive to Learn [J]. Contemporary Educational Psychology, 2000, 25 (1): 82-91.

[279] Zohar D, Tenne-Gazit O. Transformational Leadership and Group Interaction as Climate Antecedents: A Social Network Analysis [J]. Journal of Applied Psychology, 2008, 93 (4): 744-757.

后 记

企业领导者的社会网络无疑对领导者个人、下属和所在企业有显著的影响效用。领导者不但可以通过社会网络来为自己和组织获取资源，也可以通过社会网络来认知自己和这个世界。你是谁决定了你认识谁，进而决定了你的社会网络规模和质量；而你认识谁也决定了你会成为谁，因此你的社会网络也决定了你。

中国的文化中从来不缺少对于人际网络重要性的强调，要论及社会网络的重要性似乎没有谁比中国的企业领导者更有深刻体悟了。企业领导者在日常工作中会花费相当多的时间来构建与拓展自己的"圈子"，甚至把它当作核心要务之一。但是限于领导理论中过于关注人力资本的研究传统，人们在强调企业领导者社会网络重要性的同时，却很少严肃认真地来探讨领导者该如何构建社会网络，以及不同的社会网络构建策略又会产生怎样的影响效用。

本书正是基于这样的疑问，利用案例、问卷调查和仿真实验等多种方法开拓性地提出了领导者构建社会网络的两种策略，并给出了影响领导者网络构建策略选择差异的因素和使用不同策略会对组织带来的影响。尽管本书基于笔者的博士论文成稿，使用学术的笔调来阐述相应的内容，难免会给非学术读者带来一些阅读的挑战，但本书面向的读者却并不局限于学术同仁。本书的研究问题和发现立足于管理实践，因此在追求学术价值的同时，也期望对企业领导者的管理实践有所启迪，以助力管理实践中的领导者能够提升自己对人际网络的认知，用动态系统的视角来更好地构建和管理自己的社会网络，从而实现自身事业和企业的发展。

曹春辉
2023 年 4 月